Takarajima Nonfiction Books

宝島NF

橋下徹のカネと黒い人脈

首相に最も近い人物の紙上身体検査!

一ノ宮美成＋グループ・K21 著

宝島社

はじめに

「橋下徹ほど、自分を売り込むことに熱心な弁護士はいない。もっとも、ときどき法律用語は使うが、弁護士というよりもタレントだ。彼の顔を見ていると、次から次へと口当たりのいいアドバルーンを上げては人を誘い込む、霊感商法の教祖にも思えてくる」

この春、友人の一人である在阪のベテラン弁護士と食事をした際、橋下評について尋ねた筆者に、彼はこう答えた。

関西電力大飯原子力発電所の再稼働をめぐる橋下大阪市長の「変節」は、まさに友人の弁護士が言うように、表の看板と中身が違う「霊感商法」そのものだった。「脱原発」「反原発」の旗手だったのが、いつの間にか「原発再稼働容認」の先導役に〝変身〟したからだ。期待を寄せていた国民から、「裏切られた」という手厳しい批判の声が上がったのは言うまでもない。

それまで橋下氏は、ツイッターなどを駆使して、原発再稼働の準備を進めてきた関西電力はもちろんのこと、それを後押しする野田政権の「倒閣」まで公言し、手激しく攻撃してきた。橋下市長にとって、ツイッターは「仮想敵をつくり上げ、相手を攻撃することで人気を集めてきた」最大の武器である。

しかし橋下氏は、武器であるツイッターでの発言を、関西広域連合で「限定的再稼働」を提案した直後から二週間も休止してしまった。橋下氏は日頃から、自分に批判的なコメントをする有識者たちに「バカ学者」「バカジャーナリスト」などと、あらん限りの罵詈雑言《ばりぞうごん》を浴びせかけてきたが、自分が批判される立場になると、すぐさま雲隠れしてしまう卑怯な人間なのだ。

記者会見の場で、その〝変身〟を記者から指摘された橋下氏は、「（限定的再稼働は）いろいろな考えの中で、最初から考えていた」などと開き直り、その挙げ句に「病院はどうなるのか。高齢者の熱中症対策はできるか。そう考えると、原発事故の危険性より、目の前のリスクに腰が引けた」と、市民をダシにして再稼働容認に対する批判をかわそうと懸命になったのだ。

ちょうど一年前の二〇一一年六月二九日、大阪府知事だった橋下氏は記者団の前で、原発を推進する経産相や関西電力について、「電気が足りないから原子力が必要というのは脅し。『サインしなければ、あなたの命はどうなるかわかりませんよ』という霊感商法と同じ」だと斬って捨て、国民から拍手喝さいを浴びた。その論法にならえば、今回の橋下氏の〝変身〟は、まさに自分自身が「霊感商法」の加害者側だったということになる。

どうしてこんなデマゴーグが平然とまかり通っているのか？　その大きな原因の一つは、メディアにある。在阪のあるテレビ局の幹部が、自戒の念を込めてこう話す。

「メディアが本来果たさなければならない、権力監視が不十分だからです。逆に橋下氏に、『いまのメディアにはチェック＆バランスの機能が働いてない』となめられているのが現状。橋下氏は週一回、二時間にわたって行なわれる定例記者会見以外にも、朝と夕方にぶら下がり会見をやっています。何か会合があれば、そのたびに会見も開いている。

本当は、三年九カ月にわたった府知事時代の実績をちゃんと検証したうえで、一つ一つのニュースをチェックしなければいけないのに、（橋下氏から）発信される情報の量があまりにも多すぎて、記者は橋下氏の発言をパソコンに打ち込むことで精一杯なんです。しかも、橋下氏が昨日どんなことを言ったのか、記者自身がどんな記事を書いたのかわからなくなるくらい、発信される情報の内容が変わる。結果、橋下氏の言い分をたれ流すことになるわけです」

また橋下流の最近の手法として、ソーシャルネットワークを駆使した〝世論操作〟の問題がそこに加わるという。

「（記者が）橋下氏の気に入らない記事を書いたり、質問でもしようものなら、皆の前でその記者を徹底的に罵倒し、その様子を市のホームページの動画でそのまま流して世間のさらし者にするのです。その動画はＹｏｕＴｕｂｅでも見られるので、記者はもちろんのこと、所属するメディアそのものが悪者に仕立て上げられるわけです。

つい最近、二〇〇万回も動画が再生された、毎日放送の女性記者に対する（橋下氏による）二六分間もの糾弾事件がその象徴的な例です。この記者は、教職員の君が代起立斉唱条例問題について質問したのですが、そもそもこの条例の立案者は橋下氏で、条例を議会に提出し、成立させたのも橋下氏が代表を務める『大阪維新の会』です。職務命令を出したのも、橋下氏が任命した教育長です。当然、橋下氏は質問に答える責任があるのに、『それは教育委員会が命令したことだから、私は関係ない』と逃げたうえ、『勉強不足だ』『とんちんかんな質問するな』と罵倒した挙げ句、『毎日放送には社歌はあるのか？　社歌のない会社の記者にそんなことを質問する資格などない』などと逆ギレしたのです。

毎日大量のニュースを流し、それこそ記者が思考停止の状態に陥るような仕組みをつくったうえ、批判者はさらし者にして世論を扇動する……いわば意図的な情報操作をやっているのです」
最近、「橋下現象」と呼ばれる、橋下ブームが巻き起こっている。昨年一一月の大阪市長選挙と大阪府知事選挙で、「大阪維新の会」代表の橋下氏と幹事長の松井一郎氏がそろって当選。永田町がその影響力に脅威を感じ、政界の重鎮たちでさえ橋下氏について、何がしかの〝評価〟を語り出したのがきっかけだろう。そして特に東京のメディアが、その空気に便乗してきた。

しかしこれは、橋下氏の「闇」の部分など検証していない、あまりにも空虚な「橋下現象」だ。実際、橋下氏がなぜ原発再稼働に転じたのか、解明しようとしたメディアは皆無に等しい。

実は、橋下氏が原発再稼働に転じたのも、その直後に二週間にわたって最大の武器であるツイッターを休止したのも、さらに倒閣宣言を撤回したのも、橋下氏の周りで何か〝異変〟が起こっているからだと指摘する声が、一部で上がっている。実際、原発再稼働を容認して以降、これまでの橋下氏とは違って「(大飯原発再稼働をめぐって)正直、負けたと言われても仕方がない」(六月一日)などという弱気な発言が目立つ。

橋下「大阪維新の会」の支持母体には、財界非主流のアウトサイダー企業が多い。支援者には、反社会的勢力につながる人物さえ含まれている。橋下氏が標榜する改革の舞台裏では「改革利権」に群がる有象無象《うぞうむぞう》の人々も蠢《うごめ》いている。いつ〝異変〟が起こってもおかしくないのだ。

本書が、政治に絶望した国民の救世主であるかのように語られている橋下徹という人物の正体を知るうえで、少しでもお役に立てば嬉しいかぎりである。

二〇一二年六月　**一ノ宮美成**

宝島NF◉橋下徹のカネと黒い人脈◉

目次

CONTENTS

第3章 知られざるアングラ人脈

◉写真提供＝時事通信＋共同通信　◉編集補助＝橋本あづさ　◉アートディレクション＆デザイン＋作図＝HOLON

第1章

橋下〈改革利権〉の真相

次期首相候補の奇怪な人脈・金脈

橋下「大阪維新の会」は旧態依然とした利権屋集団

改革の「蜜」に色めくブレーン&財界アウトサイダーの実名

次期首相の呼び声も高い“改革の旗手”橋下市長だが、大阪市長選の公約実現でさえ危ういのが現実だ。もっともその政治目的が「利権の再構築」だと聞けば、暴君に徹するのも理解できる。

「橋下人気」に便乗する全国メディア

地域政党「大阪維新の会」を率いる橋下徹・大阪市長をめぐって、いわゆる「橋下現象」なるものが巻き起こっている。

二〇一二年六月四日付『毎日新聞』が発表した世論調査によると、「大阪維新の会」の国政進出に期待する有権者は六割を超え、次期衆院選挙の比例代表で「大阪維新の会」に投票すると答えた有権者は、全国で二八%にものぼる。これは、自民党一六%、民主党一四%の倍か、あるいは倍近くとなる驚異的な数字だ。

世論調査の結果は、これまでの「大阪維新の会」の支持者が、大阪を中心にした近畿から全国に浸透していることを示しており、少なくとも来年夏までには行なわれる衆参両院選挙を前にして、永田町に衝撃を与えている。

そもそも「橋下現象」なるものが取り沙汰されるようになったのは、昨年一一月の大阪市長・大阪府知事のダブル選挙で「大阪維新の会」の代表である橋下市長と幹事長である松井一郎府知事が相手候補に大差をつけて圧勝したことに始まる。それ以前の橋下氏は、メディアや自ら発信するツイッターを使い、公務員や霞が関の官僚、既成政党などを「既得権益」勢力として槍玉に挙げてバッシングすることで、「閉塞感に包まれた市民」の代弁者として多くの支持を獲得してきた。そして大阪府下で行なわれた地方選挙や首長選挙で連勝し、「橋下不敗神話」をつくり上げたのだ。

こうしたなか、橋下市長は今年に入るとすぐ、ダブル選挙の余勢を駆って、次期衆院選に維新の会が進出すると表明。全国から候補者を募るための「維新政治塾」の開校と、国政選挙公約「船中八策」を発表した。

これまで「維新政治塾」に応募したのは三千数百人。その中から、この六月中旬、九一五人を塾生候補に選んだが、その際、「選挙資金なし」は落選にしたという。次期衆院選では、全国で三〇〇人の候補者擁立を掲げているが、他の既成政党から「維新の会」への鞍替え出馬も認めている。

こうしたことから、それまで橋下市長とその政治手法を「ハシズム」と呼び、独裁者と批判する評論家や大学教授、ジャーナリストらとの論争が、著名な雑誌や週刊誌の格好のネタにされて注目を集めるようになった。これを「橋下現象」と呼ぶようになったのだが、実際には大半のメディア記事がヨイショ企画で、誌面には「日本を変える橋下革命」「彼の政治手法は『独裁』とは対極だ」といった見出しが躍り、「橋下徹に日本の改革を委ねよ！」と言い出す媒体まで現われる始末だ。

「橋下現象」は海外メディアも取り上げている。

米紙『ワシントンポスト』は、五月二三日付で「扇動市長の背景に日本の不満」と題した特集記事を掲載。記事では、橋下市長が主張する大阪都構想や公務員改革などを取り上げ、「テレビ映えするキャラクターで、支持率は野田首相の三倍」と紹介。中央政界に橋下脅威論が広がり、国民から「橋下首相」待望論が出ていることにも触れている。

また、その独断的政治手法から、「ハシズム」という言葉が生まれたとも指摘。橋下市長が支持される原因として、「経済への不安や指導力欠如に対する落胆、決め

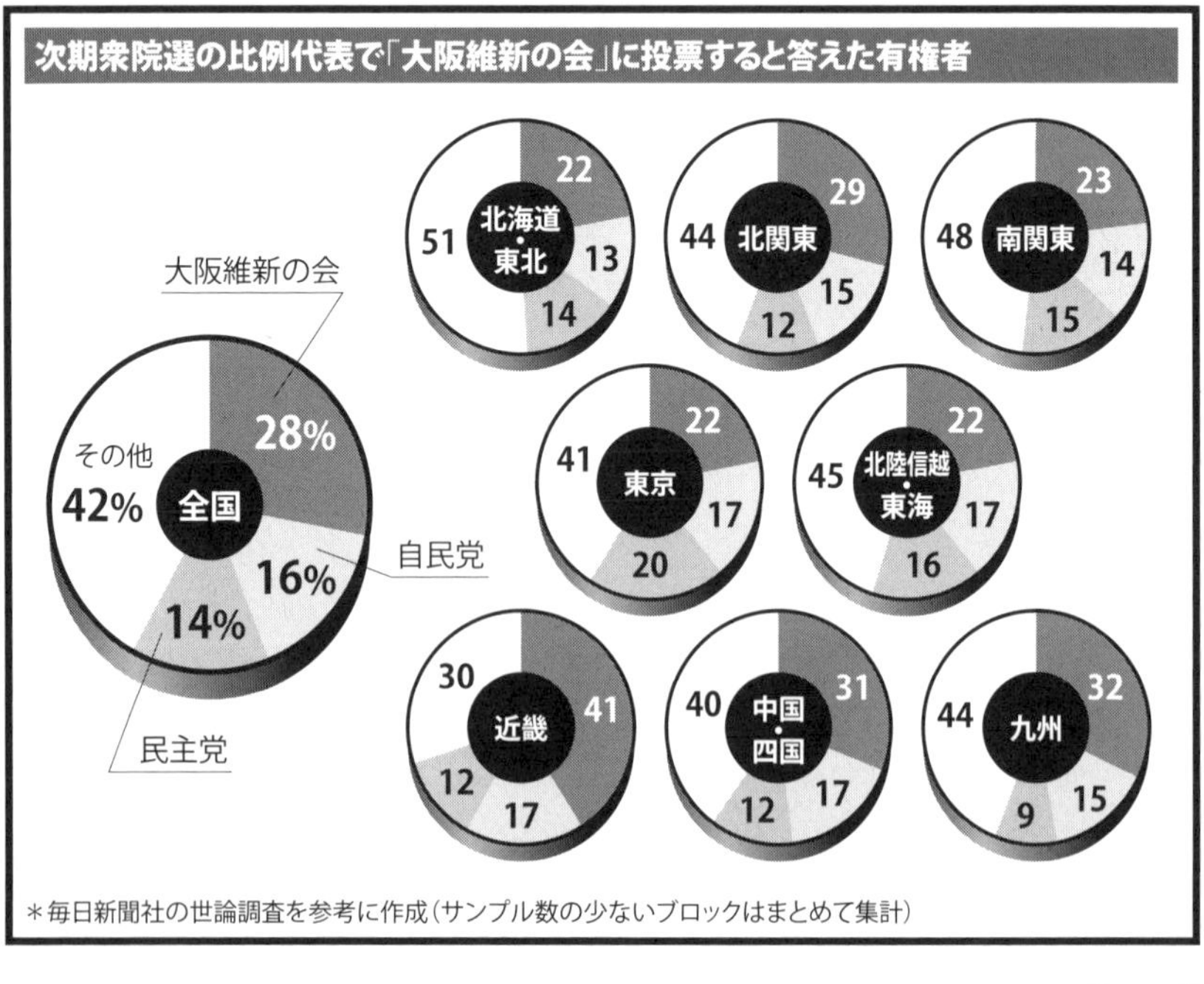

＊毎日新聞社の世論調査を参考に作成（サンプル数の少ないブロックはまとめて集計）

られない中央政府への幻滅を反映している」と解説した。

大阪市内では低下している支持率

橋下市長は、冒頭の『毎日新聞』の世論調査の結果について、六月四日朝のぶら下がり会見で記者からこう尋ねられた。

「世論調査で、全比例ブロックで維新が一位になっているが」

これに対して橋下市長は次のように答えている。

「大阪でやっている活動が全国に影響ないのに応援してくださるのは、既存政党に対する不信への裏返しなのでは」

自民党政権から民主党政権に代わっても何も変わらず、国民生活は一層悪化している。展望のない閉塞状態に追い込まれている国民の期待感が、世間の注目を浴びている「第三局」の政治勢力「大阪維新の会」に集まっていることを、橋下市長も認めるかたちとなった。

筆者は、橋下番の記者に世論調査の結果について感想を尋ねてみたが、「いまの閉塞感を打破してくれる、政治を変えてくれるという国民の期待感の表われ」と見ていた。このことは大阪だけでなく、全国民の共通した思いであることは間違いないだろう。

その一方でこの番記者は、世論調査で橋下「維新の会」が高い支持率を得ていることについて、二つのことを問題にしていた。まず一つは政治手法だ。

◆政治維新塾の開講式で挨拶する橋下市長（時事）

「教員を含めた全職員に対する入れ墨調査を唐突に持ち出し、いかにも市政改革の大きな課題であるかのように印象づけた。そうやって次から次へと仮想敵をつくってきたわけです。大阪府労働委員会から『不当労働行為に当たる』と凍結勧告が出た全職員対象の思想調査もそう。市役所ぐるみの選挙運動の決定的証拠として大騒ぎになった名簿リストの件も象徴的ですね。リストが捏造だったことなんて、まるでなかったかのようにレトリックを使うんです。有権者には、それがスピード感溢れた従来にない政治手法だと錯覚されている」

そしてもう一つは、橋下「維新の会」に対する支持率が、大阪府下・近畿と大阪市内とで違っている点だ。

「六月四日の翌日に発表された毎日新聞と毎日放送の合同調査によれば、支持率は大阪市と離れた府下の方が高く、市内の方が低い。大阪市民の支持率は、七割近くを誇った知事時代から五四％に下がっているんです。

橋下市長は、老人パスの有料化や福祉予算の大幅なカットの方針を打ち出しました。加えて、大阪市を解体・再編する大阪都構想もあります。大阪市民は、こうした橋下改革に対する不安を直接肌で感じている。支持率の低下は、市民感情の表われと見ることができます。

また橋下市長は、昨年の三・一一（東日本大震災）以降、脱原発の旗手として国民的な人気を博しました。しかし、期限付きでの再稼働容認に舵《かじ》を切ったからか、原発問題での支持率は五割を切っています。大阪市から離れるほど支持率が高いのは、メディアなどで毎日、それも繰り返し報道される『正義の味方』像が一人歩きしているのではないでしょうか」

次期選挙に向かって膨張し続ける「橋下現象」だが、お膝元の大阪市で支持率を低下させているのは、なんとも皮肉な現象だ。このことは、いったい何を物語るのか。原因をつきとめるには、橋下市政の実態を解明する必要がありそうだ。

口先だけの「二重行政の解消」

まず先のダブル選挙で大阪府民、市民に示した公約から見ていこう。

大阪市議会関係者が語る。

「実は橋下さんが、『税金ムダ使いの二重行政の象徴』と知事時代から言い続け、ダブル選挙で勝利した後、府市統合の象徴として、すぐにでもできるかのように発言した府営水道と市営水道の事業統合作業が行き詰まっているのです。市水道局が入ってくると、大阪市営水道に合わせて水道料金の設定などの変更を加えなければならないので、逆に府内四二市町村で構成する『大阪広域水道企業団（旧府営水道）』に参加している市町村が抵抗しているんです。だからこの一、二年で統合することが難しくなっています。

さらに、橋下市長が就任早々打ち上げた、市で一番古い歴史を持つ『柴島浄水場』（大阪市東淀川区）の廃止

◆最大のブレーン、上山信一慶応大学教授（時事））

についても抵抗が強い。跡地を売却し、東京の六本木ヒルズのような集客施設を考えているようですが、廃止するだけで三七〇〇億円のコストがかかる。いまの時代、跡地がすぐに売れるか、まったく見通しもなく、これも行き詰まっているのが現状です。

また、現在黒字経営である市営地下鉄を民営化するという話も同じです。橋下さんの最大のブレーンである上山信一特別顧問は、関淳一市長時代に大阪市政改革推進委員会の委員長でしたが、地下鉄の民営化は、その時代から上山さんが執念を持ってやってきたことです。

しかしいまのままで民間に事業を売却するといっても買い手がいません。新会社をつくってそこで運営するしか道はないのですが、それでも市がまったく関与しないというわけにはいきません。ですから新会社といっても、市が一〇〇％出資の新会社からスタートせざるをえず、完全民営化を橋下さんの残り任期三年でやり遂げるのは無理だと見られています。もともと都営だった東京メトロも、営団になったとはいえ、いまだに東京都が関与していますし……。第一、民営鉄道と比べ、メンテナンス

◆大阪ダブル選に勝利し笑いが止まらない橋下市長と松井府知事（時事）

の費用など保守・点検には、相当の人員と経費が必要で、各私鉄が各路線をバラバラに買えば、初乗り運賃もその都度変わるので、全体として割高の運賃になります。

ダブル選挙戦で最大の争点になった大阪都構想に至っては、肝心の区割りと財政調整が提示されていないので、前に進む気配もありません。橋下さんは、反対している自民党の意見も取り入れると柔軟な姿勢も見せていますが、これもまた、うまくいくか見通しが立っていないんです」

ダブル選挙の際、この大阪市議会関係者が指摘したように、橋下氏の政策に対して、市民から不安や批判の声が強まったことがある。そのため橋下「大阪維新の会」は、「大阪市はバラバラにはしません」「大阪市は潰しません」「町会はなくしません」「敬老パスはなくしません」と大々的にチラシを撒いて、弁明に必死になったことがある。

ところが市長に当選した橋下氏は、「市政改革素案」で、「敬老パスの有料化」や「町会への補助金カット」などを打ち出し、次々と公約違反の方針を公表してきた。この七月の市議会で強行する構えだ。

「次期首相」の呼び声が高い橋下氏だが、大阪市長選で掲げた公約実現でさえ、早くも危うくなっている。それどころか、「大阪市民は贅沢」と言い放って、市民サービスの予算を三年間で四八八億円も削減するともいう。

こうした市民無視の、自ら掲げた公約さえ達成する目処がない市長と地域政党に、国政を託すことなどできるわけがない。それこそ幻想なのである。

名だたる特別顧問、参与を集めた黒幕

橋下「大阪維新の会」に対する期待が、実は幻想にしかすぎない理由は他にもある。

橋下市長は、昨年一二月の市長就任以来、元官僚や大学教授など五八名もの特別顧問・参与をブレーンとして集めて「側近政治」をやっている。昨年一二月から今年二月（一部三月）までに支払われたその報酬総額（当時五〇名）は、約六八〇万円（府・市折半）にものぼる。交通費は実費、宿泊費は上限八七〇〇円を支給している。顧問に対しては一日五万五〇〇〇円、参与は同五万四〇〇〇円。なかには、約三〇分間助言した参与に、謝礼一万八〇〇〇円、交通費二万八五〇〇円を支払った例もある。市職員の給与カットと一万五〇〇〇人のリストラ、四八八億円もの市民サービスを切り捨てる一方で、自らの側近だけは肥え太っているのだ。

先の橋下番記者が言う。

「ブレーンは、だいたい上山さんが探してきている。自らの出身企業であるマッキンゼーからだけでも五人以上を登用していて、元官僚も何人かいる。国の諮問機関や竹中平蔵元金融担当大臣の下で働いていた、いわゆる新自由主義・構造改革路線派が、特別顧問・参与の主流です。

職員の思想調査をやって訴えられている弁護士の野村修也中央大学法科大学院教授も、竹中金融大臣の時の金融庁顧問です。『西成特区構想』を担当している鈴木亘学習院大学教授も、竹中元金融大臣と近い。

元財務官僚の高橋洋一さんとか元経産官僚の原英史さんは、『政策工房』というコンサルタント会社の会長と

大阪市の特別顧問

関係先	氏名	役職等
府市統合本部	上山信一	慶應義塾大学総合政策学部教授
	古賀茂明	元経済産業省大臣官房付
	堺屋太一	作家、元経済企画庁長官
	原 英史	株式会社政策工房代表取締役社長
	橋爪紳也	大阪府立大学 21 世紀科学研究機構教授、大阪市立大学都市研究プラザ特任教授
	飯田哲也	認定 NPO 法人 環境エネルギー政策研究所所長
	余語邦彦	ビジネス・ブレークスルー大学大学院教授
	安藤忠雄	建築家、東京大学名誉教授
府市（大都市制度）	山田 宏	前杉並区長
	金井利之	東京大学大学院法学政治学研究科教授
	佐々木信夫	中央大学大学院経済学研究科教授
	土居丈朗	慶應義塾大学経済学部教授
	赤井伸郎	大阪大学大学院国際公共政策研究科教授
人事	山中俊之	株式会社グローバルダイナミクス代表取締役社長、関西学院大学大学院経営戦略研究科教授
	稲継裕昭	早稲田大学政治経済学術院教授
区政	中田 宏	前横浜市長、青山学院大学大学院国際マネジメント研究科客員教授
財政	高橋洋一	嘉悦大学経営経済学部経営経済学科教授
西成特区構想	鈴木 亘	学習院大学経済学部経済学科教授

社長の関係です。二人は、『みんなの党』のブレーンでもあります。この二人は府・市の特別顧問として報酬を受け取りながら、『維新八策』など『大阪維新の会』の政策づくりにも関わっている。まあ、公私混同というところですね。

原さんは職員の服務規律を担当し、職員基本条例に関わっていました。また橋下市長は、元経産官僚の古賀茂明さんのほか、脱原発の錚々たるメンバーを集めて『府市エネルギー戦略会議』を立ち上げましたが、今度の大飯原発再稼働容認で、記者からも『裏切られた』とか『なんだ、ポーズだけだったのか』と批判の声が出ている。なかには、なんのためのエネルギー戦略会議だったのかと、存在意義を否定する記者もいる」

その「ブレーン政治」「側近政治」にも、公約実現がおぼつかないことを反映してか、最近亀裂が走っているようだ。

別の大阪市政関係者が内情をこう暴露する。

「特別顧問の中のいわば最高顧問である堺屋太一氏は、『年寄りが小言ばかり言う』と橋下に煙たがられ、棚に

大阪市の特別参与

関係先	氏名	役職等
府市統合本部	池末浩規	株式会社パブリックパートナーズ代表取締役
	木谷哲夫	京都大学産官学連携本部寄附研究部門教授
	福田隆之	NPO法人政策過程研究機構理事
	大庫直樹	プライスウォーターハウスクーパース株式会社常務執行役員
	太田薫正	B & Company株式会社代表取締役
	大嶽浩司	自治医大地域医療政策部門准教授
市統合本部（大学）	尾崎敬則	弁護士、尾崎総合法律事務所
	野村正朗	公益財団法人りそなアジア・オセアニア財団理事長
	矢田俊文	公立大学法人北九州市立大学 前学長
	吉川富夫	公立大学法人県立広島大学経営情報学部教授
府市統合本部（都市魅力）	太下義之	三菱UFJリサーチ＆コンサルティング株式会社　芸術・文化政策センター長
	嘉名光市	大阪市立大学大学院工学研究科准教授
	中川幾郎	帝塚山大学法学部教授
	橋本裕之	追手門学院地域文化創造機構特別教授・追手門学院大学社会学部教授
	山口洋典	立命館大学共通教育推進機構准教授
府市統合本部（経済）	佐々木 潤	トゥルーバグループホールディングス株式会社 経営企画部 ヴァイスプレジデント
	古我知史	ベンチャー・キャピタリスト、ウィルキャピタルマネジメント株式会社代表取締役
府市統合本部（エネルギー政策）	植田和弘	京都大学大学院経済学研究科教授
	大島堅一	立命館大学国際関係学部国際関係学科教授
	河合弘之	さくら共同法律事務所弁護士
	佐藤 暁	原子力コンサルタント
	高橋 洋	株式会社富士通総研経済研究所主任研究員
	長尾年恭	東海大学海洋研究所 地震予知研究センター長
	圓尾雅則	SMBC日興証券株式会社 マネージングディレクター
	村上憲郎	村上憲郎事務所代表
府市統合本部（交通事業）	有馬純則	株式会社RHJインターナショナル・ジャパン　マネージング・ディレクター
	横江友則	株式会社スルッとKANSAI代表取締役副社長
	和田真治	南海電気鉄道株式会社 経営政策室事業戦略部長
	奥村 透	南海電気鉄道株式会社 鉄道営業本部統括部長
	中野雅文	阪急電鉄株式会社 都市交通事業本部技術部部長
	越智 厚	阪急電鉄株式会社 都市交通事業本部技術調査役
	溝渕 貴	阪神電気鉄道株式会社 都市交通事業本部電気部長
	坂上一男	阪神電気鉄道株式会社 都市交通事業本部電気部技術課長
	竹川 勉	京阪電気鉄道株式会社 鉄道営業部部長
	中西基之	京阪電気鉄道株式会社 経営統括室経営政策担当部長
	加藤千明	近畿日本鉄道株式会社 執行役員鉄道事業本部企画統括部長
	岡本真和	近畿日本鉄道株式会社 鉄道事業本部大阪輸送統括部工機部検車課長
	深井滋雄	近畿日本鉄道株式会社 鉄道事業本部 企画統括部 技術管理部 部長
人事	山形康郎	弁護士、弁護士法人関西法律特許事務所
グローバルイノベーション創出支援環境	校條 浩	ネットサービス・ベンチャーズ・グループ マネージング・パートナー

＊大阪市役所HPを参考に作成（2012年6月1日付）

◆橋下氏の政治資金集めパーティで壇上に立つ堺屋太一氏（左、共同）

祭り上げられ、影響力は落ちている。区長公募人事など区政担当の中田宏元横浜市長は、最近げっそりしてて、まったく精彩がない。聞くところによると、完全に橋下市長に切られたという話です。代わって、信頼が厚いのが前杉並区長の山田宏です。永田町と橋下をつなぐキーマンの一人で、市長の意を介して政治家とのパイプ役になっています。もともと松下政経塾出身で、政界関係者の間でも顔が広い。京大出で、同じ京大出身の維新の会の浅田均府議会議長のラインで、橋下は紹介されたのではないか」

国政選挙に向けた各党との連携事情

ところで先ほど、永田町の既存政党が、橋下「大阪維新の会」に脅威を抱いていると書いたが、各党の橋下氏に対する擦り寄り作戦も激烈を極めている。

大阪の政界関係者が、各党と橋下市長との接近についてこう話す。

「まず、公明党と橋下市長の接近が目立っています。公明党としては、前回全候補者が落選した大阪で四つ、兵庫で二つの選挙区は、どうしても奪回したい。そこで浅田府議会議長と昵懇の間柄にある、公明党の白浜一良副会長と定期的に密談を重ねています。橋下市長もそれを認めているものの、『単なる意見交換』ととぼけている。しかし、選挙協力で話を詰めているのは間違いありません。

いま、大阪で維新の会に最も近いのは公明党で、大阪市議会で過半数を持たない維新の会は、公明党の協力なしには市政を運営できません。持ちつ持たれつの関係にあります。橋下市長の側からすれば、公明党は完全に自分たち手のひらの上に乗ったというところでしょう」

さらに、大阪市議会では険悪の仲といわれている自民党と維新の会だが、意外なルートで接近を図っているという。それは、安倍晋三元首相ラインだ。

先の政界関係者が言う。

「この二月、安倍元首相は、『新しい教科書をつくる会』の後継組織『日本教育再生機構』が開いたフォーラムに、維新の会幹事長の松井府知事とともに特別ゲストとして出席しました。この時、『日本教育再生機構』の大阪支部長として挨拶した遠藤敬氏は、自民党大阪第一八区支部長もしている人物です。安部元首相と橋下市長をつなげたといわれています」

さらにこう続けて言う。

「境市議会の議長に馬場伸幸という維新の会の議員がいますが、彼は大阪維新の会の事実上の選対部長といわれています。来年ある境市長選挙で、橋下市長に反旗を翻した竹山修身市長の刺客として、橋下市長が仕掛けてい

◆橋下人脈のキーマン「日本創新党」の中田幹事長（左）と山田党首（共同）

たという話もある」

　そして、維新の会と自民党とが、絡み合った人脈を形成しているとして、こう指摘する。

「その維新の会の実質的な選対本部長の馬場氏も、自民党第一八区支部長の遠藤氏も、ともに橋下市長の盟友にあたる松井府知事や浅田府議会議長といったトップグループに直結しているんです。そうしたこともあって、遠藤氏は、前回選挙で落選した渡嘉敷奈緒美議員（大阪七区）や、比例区で復活当選した松浪健太議員（大阪一〇区）の選挙区に、維新の会が候補者を立てないよう水面下で工作しているという。安倍元首相が会長の改憲集団の一つ、創生『日本』が六月八日に開いた東京での会合では、松井府知事が講演しています。創生『日本』の最高顧問は、たちあがれ日本代表の平沼赳夫議員で、完全に右派勢力です。橋下市長が、原発問題をめぐり、民主党倒閣宣言を撤回すると表明したことに対して、松井府知事は同意しなかった。両者の間に温度差があることも、表面化しているんです」

　さらに、今後の橋下「大阪維新の会」の動向について、先の世論調査からこう分析する。

「維新の会も、いまの勢いが続けば、比例の近畿ブロックで四〇〇万票をとるだろうといわれています。そうすると、選挙区合わせ、六割から七割の維新議員が誕生することになりますね。大阪の民主党で唯一残るのは、平野博文元官房長官だけといわれていますが、橋下氏は刺客を出すと言っている。有名テレビ局の元キャスターを予定していたのが、女性問題のスキャンダルを抱えているということもあって、いま、平野氏に勝てるタレントを物色しているようです。その一人に、やしきたかじんの名前も挙がっていますが、本人は病気療養中というこ

◆松井府知事に接近する安倍元首相（共同）

とで休業しているので、どうかと思いますがね」

そして最後に、維新の会は、「中央政界との関係やブレーンの入れ替わりが激しく、先行きは不透明」と言って、こう指摘する。

「維新の会も、いろんなキーマンが日替わりメニューのように変わる。組織としてまだ固まっていないからです。五八人もの顧問・参与がいれば、中田氏や山田氏のように立場が逆転するケースは今後も出てくる。橋下市長の性格からして、『役に立たなければ即クビ』というわけですから、政界人脈も、ひとくくりにはできないところがあるんです」

維新の会は次の国政選挙では、全国で三〇〇人の候補者を出すというが、選挙資金に一人当たり一〇〇〇万円かかるとして、ではその合計金額三〇億円を、どうやって工面しようというのか。

◆松井府知事と並ぶ橋下市長の“盟友”浅田大阪府議会議長（共同）

維新の会のパトロン企業は堺屋太一人脈

一つは候補者本人の自己資金だ。先の橋下番記者が言う。

「維新塾ではまず、選挙資金が自分で出せるかが選考の基準。それをパスしなければ候補者になれない。九〇〇人あまりに絞られた応募者のなかには、自営業者や医者や会計士など、それなりに社会的地位があり、金も持っている人が多い」

ただ、それだけでは足りそうにない。残りはどうするのか？　大阪維新の会には「経済人・大阪維新の会」という関連組織がある。在阪の企業関係者が、その意外な顔ぶれを教えてくれた。

「経済人・大阪維新の会の関係企業としては、サラヤやミキハウス（三起商行株式会社）などが知られていますが、みんなオーナー企業です。もともとは、堺屋太一を囲む日本青年会議所のメンバーが中心となってできた『うずの会』が始まりです。それが政治に首を突っ込むようになり、自民党中央が押し付けた太田房江元知事を引き下ろすため、最初は清風学園の理事長を、二回目は元阪神の江本孟紀を担ぎ出しました。それが先の知事選挙で橋下応援団として動き、ダブル選挙でも走り回った。

◆経済人・大阪維新の会の副会長を務めるミキハウスの木村皓一社長（時事）

ただ、維新の会を応援する企業にはオーナー企業が多く、不法行為で摘発されたり、サラヤのように洗剤約一〇トンを大和川に流出させて大騒ぎになるなど、必ずしも評判はよくない。

いま、経済人・大阪維新の会と組んで、橋下市長に肩入れしているのが、やはり東京で堺屋太一氏を囲む会として生まれた『だるまの会』です。いまや橋下氏の大のお気に入りになっている山田宏特別顧問（前杉並区長）が日本創新党を創設した際、バックアップに回ったオーナー企業経営者の集まりです。

たとえば、紳士服のアオキインターナショナルや家具のニトリ、ドトールコーヒーや、ファンケル、さらに人材派遣業のパソナなどです。パソナは、橋下市長が知事時代に、実際、府の事業に参入しています」

なにやら財界主流とは無縁の、さまざまな噂の絶えない新興企業、すなわち〝財界アウトサイダー〟が橋下応援団の正体のようだ。

一方、同じ新興企業でも、オリックスの宮内義彦ＣＥ

「経済人・大阪維新の会」の役員　平成24年3月26日現在(HPを参考に作成)

役職	氏名	所属・役職
最高顧問	堺屋太一	元・国務大臣経済企画庁長官
顧問	平岡龍人	学校法人清風明育社　理事長
会長	更家悠介	サラヤ㈱　社長
副会長	木村皓一	三起商行㈱　社長
	山本博史	㈱小倉屋山本　代表取締役
	上島一泰	㈱ウエシマコーヒーフーズ　社長
	中西憲治	メロディアン㈱　取締役相談役
	池﨑博之	日本絨氈㈱　代表取締役社長
監査役	新居誠一郎	新居合同税理士事務所　税理士
幹事長	岡本安明	岡安商事㈱　社長
筆頭副幹事長	宮﨑健治	㈱ラブアンドピースエンターテイメント　社長
副幹事長	平岡憲人	清風情報工科学院　校長
	高野哲正	㈱まねきねこ　社長
	谷岡 樹	八戸ノ里ドライビングスクール　校長
北区支部　支部長	阪本勝義	㈱阪本漢法製薬　代表取締役社長
中央区支部　支部長	田中成人	田中会計事務所　代表税理士
天王寺区支部　支部長	池内嘉正	池内嘉正事務所　代表
生野区支部　支部長	山本富造	山本化学工業株式会社　代表取締役社長
四條畷支部　支部長	川本和宏	川本産業株式会社　取締役部長
東大阪支部　支部長	青木豊彦	㈱アオキ　代表取締役
八尾支部　支部長	中西憲治	メロディアン㈱　取締役相談役
堺高石支部　支部長	池﨑博之	日本絨氈㈱　代表取締役社長
和泉支部　支部長	嘉手納良和	㈱ヒューマンリソース　代表取締役
泉南支部　支部長	松野隆一	NPO法人まちづくりネット熊取　理事長

Oの名前も橋下応援団として取り沙汰されている。オリックスは関市長時代、大阪市のさまざまなプロジェクトで名前が浮上、その挙げ句に巨額の借金を残して退散した事業もある。西日本最後の一等地といわれている梅田北ヤード開発の中核企業でもあり、オリックスとしては、橋下市長とのパイプは太いほどいい、ということだろう。

他にも、大阪ガスの社長が橋下市長の応援に熱心だとの声も聞こえてくる。これなど、橋下市長が脱原発（脱電力）を標榜してきたことと無関係ではないだろう。

◆平成の“政商”オリックスの宮内CEOも橋下応援団だ（時事）

いずれにせよ、別の項で触れる関西アンダーグラウンドの動きと同様、橋下利権に蠢く面々からは目を離せない。

「維新の会」には幸福の科学の関係者も

最後に、大阪維新の会議員の素性についても報告しておく。同会所属の議員は、大阪府議、大阪市議、堺市議合わせて総勢一〇三人もいる。

しかし、今年年明けにひき逃げ事件を起こして逮捕、除籍されたにもかかわらず、つい最近まで議席にしがみついていた議員がいるかと思えば、政務調査費を献金に流用した疑いが持たれて返還した議員もいる。また、前科何犯というおよそ公職者にふさわしくない議員さえいる。最近も、維新の会議員の、市職員に対する非常識なマナーや露骨な利益誘導を批判する投書が送られている（左頁参照）。

そんななか、宗教法人幸福の科学の信者が「大阪維新の会」に潜り込んでいるとの噂が盛んに流れている。

大阪府議会関係者が、その経緯について話す。

「府議会議長の浅田さんが、昨年の地方選挙が終わってから、『思想の違う者が潜り込んできて、維新の会の議員で当選した。公認できないと主張したが、橋下氏にいいんじゃないですかと拒否された。我々としては多数派になるためには仕方がなかった』と、悔やんでいました」

無題
From:
Sent: Thursday, February 23, 2012 6:56 AM
To: 橋下 徹
Subject: 要望等記録制度

この記録には、記録内容について、要望者である議員の確認が、職員に義務付けされ
ています。この確認は、ほぼできません。議員の反発にあうからです。したがって、
この制度の対象ではないという解釈をしようとする力が働き、制度が効力を失ってい
ます。特に、与党、今なら維新の議員の要望ほど、職員にとっては、対応が悩ましく
なります。そこで、要望に限らず、議員からの接触全てについて、その事実と、職員
側がどう感じたかを記録する制度に改めるべきです。
しかし、維新の議員からの接触が一番程度が低く、露骨になっています。無理強いが
おおくなりました。案件を言うと特定されるので、言いたくないですが、市長のお考
えを理解されているのか、甚だ疑問に感じることが多いです。与党だから、こちらも
無下に断れません。さらに、常識がない。内容を言わずに呼びつけ、その議員の支持
者を連れてきており、我々をいきなり詰問するなど、民間ではこんなこと、ありえる
んでしょうか？担当でない場合でも、先方にとっては、市の職員ですから、議員の力
を借りて、詰問してきます。特に、若い議員、社会人としてのマナーから再教育すべ
きです。この実態を国民が知ったら、呆れるでしょう。与党の議員からこういうこと
を改めてもらわないと、昔ながらの議会
のままで、何も変わりません。

◆大阪維新の会の議員が露骨な利益誘導に走っている実態を訴える職員のメール

そこで、噂になっている堺市議一名、大阪市議二名の合計三名の議員に対して、幸福の科学の信者であるか、幸福実現党の党員であるかについて、公開質問状を送った。

堺市議と大阪市議の二名からは「無関係」との回答が寄せられた。しかし、大阪市城東区選出の「ホンダリエ」市議からは、なんの回答もなかった。同市議当選後、事務所のすぐ近くに幸福の科学の事務所ができ、地域で話題になったことがある。また、幸福実現党が候補者を出した先の総選挙以来、ホンダ市議が当選した市議選を含め、区内で数千人の有権者が選挙前後に増えたり減ったりするという不可解なことが起こっていることも判明している。

一皮むけば、橋下「維新の会」も旧態依然とした利権屋議員集団なのだ。大流行の「橋下現象」なるものが、いかに事実に基づかない空虚なブームであるかということを、これでおわかりいただけたかと思う。

「反原発」はハナから迷彩だった

大飯原発再稼働を容認！ 関西電力と裏で手を握った 橋下市長の胸算用

反原発から限定的再稼働発言に鞍替えした橋下市長。その経緯を振り返ると、右手で拳を振り上げ、左手で握手……政府、関西電力との間で闇取引があったのではないかと思えるのだ。

国民的期待を裏切った再稼働容認

「（電力の）需給問題で必要性があり、安全基準ができるまで、臨時に一カ月、二カ月、三カ月という動かし方もある」

やっぱりというべきか、本音というべきか。あるいは変わり身が早いというべきか……。

橋下市長が冒頭のように関西電力大飯原発三、四号機の再稼働を容認する発言をしたのは、五月一九日に開かれた関西広域連合の首長会の席上でだった。「再稼働を認めたわけではない」としつつ、「ゼロか一〇〇かの議論ではなく、フル稼働に向けた動きを少しでも食い止めるためのギリギリの提案」とも説明し、野田政権に対し「次善の策」として臨時的な稼働への理解を国民に求めたらどうか、と提案したのだ。

橋下提案のことをニュースで知った国民は、誰しもが戸惑ったにちがいない。というのも、昨年三月の福島第一原子力発電所の事故以来、橋下市長は、全国の首長のなかでも「反原発」の旗手として国民の支持を受けてきたからだ。

民主党政府は、五月一八日に開かれた関係閣僚会議で、関西電力管内での今夏節電目標を前年度比一五％に決定。その翌日に開かれた首長会には、大飯原発の再稼働を急ぐ細野豪志原発担当大臣が出席。実質的には、地元自治体の理解を得るための説明会となった。

この会合では、近畿地方の知事たちから、安全確認に万全を期すべきで早期の再稼働には慎重な意見が相次いで出たが、冒頭の橋下発言は、原発再稼働を急ぎたいのに周辺自治体の理解が得られず、窮地に追い込まれていた野田政権に助け船を出した――そう受け止められても仕方がないものだった。

橋下市長が原発再稼働を容認した二日後、藤村修官房長官は記者会見の場で、「需給の厳しさだけを踏まえた臨時的な再稼働を念頭に置いているわけではない」と否定的な見解を述べ、その理由として「原子力をただちに止めれば、液化天然ガスの買い増しなどコストの増加による電気料金引き上げは避けられない。日本経済、国民が大きく影響を受ける」と述べた。

そもそも、原発の再稼働が国民的な大問題になっているのは、安全性が担保されていないからだ。しかし藤村官房長官の見解は、「カネがかかるから再稼働」というまったく筋違いなものだった。

これに対して橋下市長は、同じ日の夕刻、記者会見の場で「政府の（再稼働のための）安全確認が充分だという認識は、関西の自治体とかなりずれがある。期間限定

原発再稼働をめぐる橋下市長の発言

3月16日　「再稼働するなら、きちんと手順を踏まないと民主党政権は崩壊に向かう」…市役所の記者会見で

23日　「最後は総選挙で決着をつければ良い」…市役所で記者団に

4月13日　「次の選挙で民主党政権には代わってもらう」…市役所で記者団に

5月19日　「もし再稼働があるなら1～3カ月だけという動かし方もある」…関西広域連合の会合で細野豪志氏に

31日　「うわべのことばっかり言ってもしょうがない。（期間限定の再稼働は）事実上の容認だ」…市役所で記者団に

付き再稼働の方が論理的にはすっきりしている」と言い、藤村氏に、フル稼働ではなく、期間限定での稼働の再考を促した。

そして翌二二日の朝、橋下市長は記者団の前でホンネを漏らした。

「需給関係（の議論では）なく、国富が海外に流出するなんて話をしだしたら、もう今までの議論は全部吹っ飛んでしまう……安全性がそんなに完璧に認められなくても、本当に電力が足りないんだったら、何かしらの判断が必要だということで、あの必要性の議論をやっていたんだと思う」

つまり橋下市長は、当初から再稼働ありきを前提に、需給問題を議論してきたのである。そして近畿地方の首長の同意を得たとばかりに、次のように述べて民主党政権を批判した。

「電力が足りる足りないの話は、一五％足りないってなったところで、ある程度方向性が見えたので、細野大臣が言われる基準一、二、（つまり）当面の津波対策、福島事故でのあれと同じような対策が取れるんだったら、一時動かすっていうのもあるんじゃないか。山田（啓二）知事（京都府）も会見で言っているし、松井（一郎）知事（大阪府）もそこはしょうがないね、と。嘉田（由紀子）知事（滋賀県）とも昨日電話で話をしたけれども、そのような考えも、ギリギリしょうがないところがあるかもしれないね、というようなことを言っている。

こういう関西の声（があるのに）を、官邸の藤村長官が一蹴して、臨時なんてありえないだと……電力需給の問題は関係ないんだなんて言われたら、今までやってたことが虚しいですよ。僕はもう民主党政権は本当に信じられません」

この発言では、一見、藤村官房長官との見解の食い違いが強調されているが、それまで「安全性に問題がある」として原発再稼働に反対してきた橋下市長だが、期間限定とはいえ、国民の期待を裏切るかのように、結局は再稼働を容認したことに変わりはない。

容認発言に御用メディアが便乗

案の定、メディアも「ただ、再稼働に慎重だった橋下氏が、期間限定とはいえ容認の考えを示したことで、政府は再稼働に向けた地元への働きかけを強めていく方針だ」(『読売オンラインニュース』五月二一日付)と報道。

また、二二日夕方のテレビ報道番組でも、前日に政府高官が、「地元で影響力のある橋下市長が条件付きながら再稼働を容認したことは大きい」と発言したことを紹介し、コメンテータとして登場した「大阪府市エネルギー戦略会議」メンバーの元経産省官僚・古賀茂明氏に、司会者が「橋下市長は容認したということか?」と、問いただす場面があった

これに対して古賀氏は、「残念ながら、これ(その指摘)ははずれですね」と司会者の質問を否定したうえ、橋下市長の考えをこう代弁してみせた。

「政府はいままで、足りないから動かすと言ってきた。橋下市長さんから見ると、まずその前に安全性に問題があるとずっと言ってきた。ところが、大阪にはそれを止める権限はない。このままいくと、どうも政府は、再稼働で押し切ってくるんじゃないかと。そうすると、なんの限定もなく再稼働というのは、最悪の結論になる。であれば、そこで(電力が)足りないから再稼働と言っていたんだから、それが正しいんだったら、じゃ、足り(てい)る時まで動かす必要はありませんね。したがって、時限的に動かすっていう、やり方も出てくるんじゃないんですか。押し切られるんだったら少なくともそれぐらいとっとかなきゃという。認めるということではなくて、足りない時だけという、そういうやり方もあるだろうということで出した」

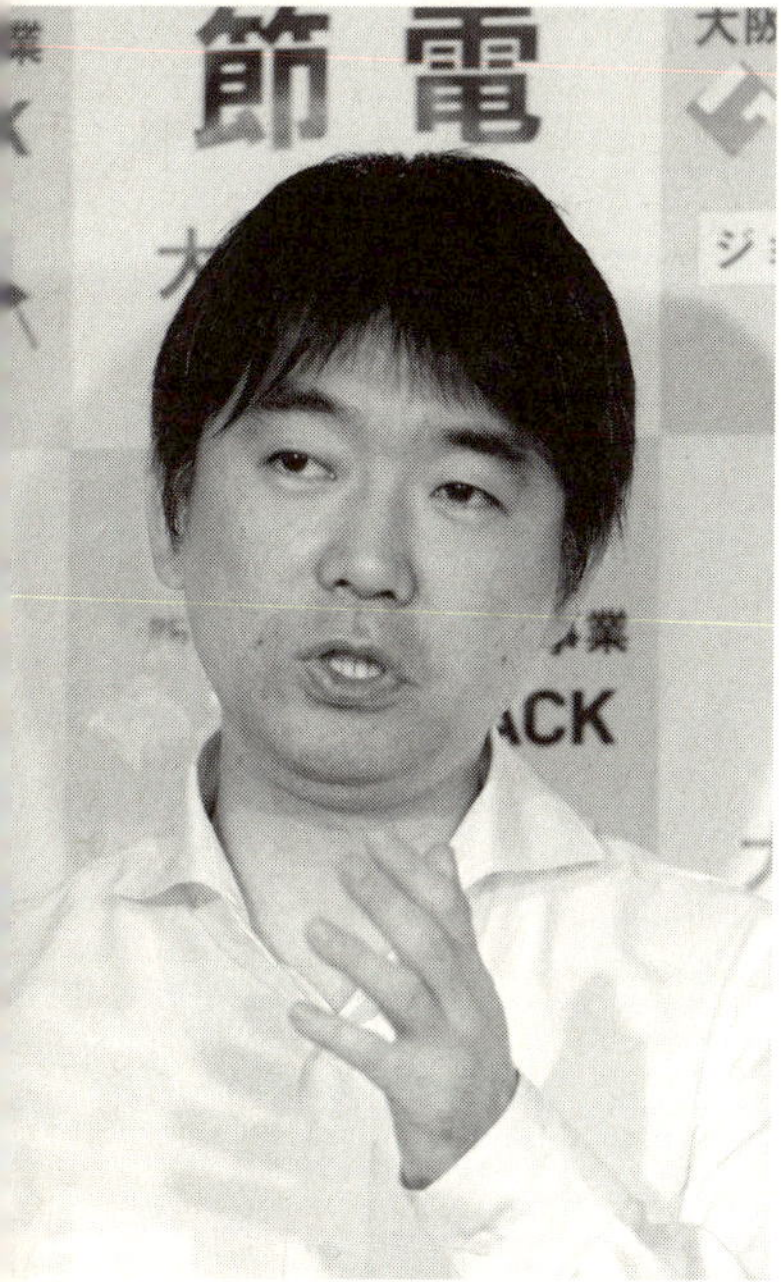

◆大飯原発の限定再稼働を一転容認した橋下市長(共同

しかし、古賀氏がいくら再稼働容認ではないと言ったところで、橋下市長の発言の中身は再稼働容認そのものであり、政府や関電の

圧力に屈した日和見主義にしか映らない弁解だった。

たった二週間で「脱原発」を撤回した訳

大阪市は関西電力株の約九％を所有する筆頭株主である。

橋下市長は今年二月、専門家を集めた「府市エネルギー戦略会議」を発足させ、三月に開かれた会議の場で、関西電力の株主総会（六月）に出席し、「全原発の可及的速やかな廃止」を提案すると公言していた。

そして、翌四月一〇日の大阪府市統合本部の大阪府市エネルギー戦略会議で、大飯原発再稼働の判断材料として、「原発から一〇〇キロメートル圏内の自治体との安全協定の締結」「国民が信頼できる規制庁の設立」「新体制のもとでの安全基準の根本的見直し」「新たな安全基準に基づいたストレステストの実施」などを盛り込んだ八条件をまとめた。

この八条件は、関西電力も原発再稼働を進める政府も、とうてい受け入れられない厳しい内容で、メディアを通じて大々的に報道されたことで、橋下市長の画期的な脱原発政策として受け止められ、国民の注目を浴びた。

そして野田首相が、「安全性に問題ない」と言って大飯原発三、四号機の再稼働を口にしはじめると、橋下市長は四月一三日に、「絶対に許してはいけない。国民をバカにしている。民主党政権を倒すしかない。次の選挙では代わってもらう。今日から反対運動だ」と倒閣を公言。翌一四日には、「大阪維新の会」の緊急役員会を開き、次の衆議院選挙では原発再稼働問題を争点にして、民主党と全面対決しながら選挙を闘うと言い放ったのだった。

ところが、その直後の四月一六日、ホンネでは原発を再稼働したい福井県知事の提案に応え、「原発が必要なら、中間貯蔵施設の受け入れもありうる」と、核のゴミである使用済み核燃料の中間貯蔵施設を大阪に誘致してもいいと示唆。加えて、同じ日に開かれた大阪府の戦略会議では、その本部長を務める大阪維新の会幹事長・松井府知事が、先の八条件について「府に（それを決める）権限はない」という理由で、「原発の安全性に関する提案」に変更し、なんと橋下市長もこれを了承したのである。

そもそも再稼働を全面否定するような条件を出していたのに、あっという間に政府、関電次第の「提案」にトーンダウンさせたことになる。これは明らかに「脱原発」からの逸脱であり、再稼働容認へ含みを持たせる方針変更だった。画期的な八条件が発表されてから、わずか二週間あまりしかたっていない。

では橋下市長は、なぜ早々と再稼働容認に含みを持たせる方針に舵を切ったのか。

その理由は、四日後の四月二〇日に開かれた松井府知事、橋下市長と在阪経済三団体トップ――関西経済連合会会長・森詳介関電会長、関西経済同友会代表幹事・大林剛郎大林組会長、大阪商工会議所会頭・佐藤茂雄京阪電鉄相談役――との初の首脳会談の様子からうかがい知ることができる。

関電、政府との間で闇取引か？

この会談では、政治の最大の焦点になり、また激しい対立を巻き起こしていた大飯原発三、四号機の再稼働問題について、橋下市長側、森関電会長の双方から要望があるものと誰しもが期待したが、橋下市長はひと言もそれに触れなかった。取材に詰めかけた約一〇〇人の記者団も肩すかしを食らった格好で、会談後の会見で記者から出た「今日、原発問題についてあえて触れなかったのはなぜか？」との質問に、森会長は「今日は大阪の産業振興のことがテーマだったので、あえて申し上げなかった。橋下市長から話は出なかった」と答え、橋下市長も「今日はそういう場所ではない」と答えたのだ。

それこそ〝原発タブー会談〟だったのである。

森会長、橋下市長両者の発言を深読みすれば、双方ともなんらかの落としどころを探している、あるいはすでに話はついていることを匂わせるものだった。

案の定、同月二六日に開かれた関西広域連合の会合で、橋下市長は唐突にも「原発の再稼働を認めないのであれば、府県民は応分の負担がある」と述べ、なんと月一〇〇〇円の節電税を負担させる提案を行なったのだ。そして「応分の負担がある」「何の負担もなく（再稼働反対の）要望が通るなんて、そんな都合のいい世の中はない」と言い放った。そしてこの日、「原発か発電か」の二者択一を迫る発言を行ない、再稼働問題の責任は、住民の責任と言わんばかりだった。昨年の夏にあった政府と関西電力の節電大キャンペーンを「霊感商法」と罵倒し、拍手喝采を浴びたことなどどこ吹く風。政府、関電寄りの立場に寝返ったのである。

そして、関西広域連合が橋下市長の主張に沿って、大飯原発再稼働についての声明をまとめた五月三〇日、電話で会合に参加し、「暫定の（安全）基準ならば、安全も暫定だと言い切って物事を進めるべきだ」と発言。電力不足と再稼働をキャンペーンしてきたメディアも「再稼働批判の急先鋒だった橋下市長が理解を示したことで、一気に再稼働容認への流れができた」（『読売新聞』五月三一日付）と評価した。

そして、五月三一日の会見で、橋下市長は三〇日の関西広域連合の声明について、「これは事実上の容認です。政府もやるべきことは、安全の確認じゃないですよ」と公言、「安全が不十分な状態で（原発を）動かすことはありえないと『机上の理屈』ではそうかもわかりませんが、『机上の論理』だけではいかないのが現実の政治」と開き直った。

冒頭で紹介したように、橋下氏が限定再稼働発言に至る経過を振り返ると、右手で拳を振り上げ左手は握手……と、なにやら関電、政府との間で闇取引があったようにも思える。

関電株を買い占めたファンドの名前

実は、先の八条件を発表する以前の二月二一日、上京した橋下市長は民主党の前原誠司政調会長と会談している。そしてその場には、将来の経済産業省事務次官との呼び声が高い、資源エネルギー庁の今井尚哉次長が同席していたのだ。

今井次長は、元経団連会長である今井敬新日鐵名誉会長の甥っ子にあたる人物である。与党政調会長との会談ならば理解できるが、なぜそこに原発再稼働推進派の最右翼、エネ庁次長が同席していたのか。

明らかに〝密談〟があったのだ。

そしてもう一つ不自然なことがあった。

それは、先の八条件の原案が公表された四月一〇日のことである。同日、開催された大阪府市統合本部で、橋下市長は、「株主提案で関電の株は一時下がるだろうが、受け入れればいずれ上がる」と、異例の株式マーケット介入発言をした。政治家が株価に口を挟むのは禁じ手で、これまでも国会で倫理規定に反すると問題になったことがある。橋下発言をそのまま受け取れば、安いうちに関電株を買っておけばいずれ上がるので儲かると、株の売買をもっぱらとするファンドに向けて、公然と呼びかけたと見なされても仕方がない発言だった。

原発再稼働に関する声明

関西地域は、40年以上にわたって、若狭湾に立地する原子力発電所から安定的な電力を受け続け、産業の振興と住民生活の向上が図られてきた。また、その安全確保のため、立地県である福井県が独自に特別な安全管理組織と専門委員会を設置し、常時厳しい監視体制がとられてきた。関西の現在の発展は、こうした取組がなければありえなかったといっても過言ではない。

そのようななか、関西電力大飯原子力発電所第3号機・第4号機が定期検査を終え、再稼働の時期を迎えているが、関西広域連合は、東京電力福島第一原子力発電所の事故を踏まえ、安全性が確認できなければ再稼働すべきではないとの立場から、政府に対し三度にわたる申し入れを行い、これに基づいて、5月19日と本日の広域連合委員会において説明を受けた。

「原子力発電所の再起動にあたっての安全性に関する判断基準」は、原子力規制庁等の規制機関が発足していない中での暫定的な判断基準であることから、政府の安全判断についても暫定的なものである。従って、大飯原発の再稼働については、政府の暫定的な安全判断であることを前提に、限定的なものとして適切な判断をされるよう強く求める。

平成24年5月30日

関西広域連合
連合長　井戸敏三（兵庫県知事）
副連合長　仁坂吉伸（和歌山県知事）
委員　嘉田由紀子（滋賀県知事）
委員　山田啓二（京都府知事）
委員　松井一郎（大阪府知事）
委員　平井伸治（鳥取県知事）
委員　飯泉嘉門（徳島県知事）
委員　橋下徹（大阪市長）
委員　竹山修身（堺市長）

◆関西広域連合の「原発再稼働に関する声明」。大飯原発3、4号機の稼働を限定容認と説明しているが、これを契機に他の原発立地でも再稼働が連鎖していくことになろう

筆者はこの一月下旬、関電株をめぐって、在阪の政治家から奇妙な話を聞かされた。

「橋下市長が関電を叩くたびに関電株は下がった。それで株が動き、買い占めがあったようだ。なにやら数百億を動かすファンドがあり、最近、ようやくその存在を突き止めたようだ」

この政治家は、そのファンド名と突き止めた当事者の名前は明かさなかったが、話の流れからいって、関西電力がファンドを突き止めたと聞こえる。

たしかに関電株は、昨年の福島第一原発の事故前後、二〇〇〇円前後で推移した後に下降線をたどり、一一月二七日の大阪府知事・市長のタブル選直後の一二月九日、一〇日の両日、最低の一一〇三円まで下落。その後、わずかに持ち直したが、一一〇〇円台の低空飛行は変わらず、今年二月に入ると、一時期、一四〇〇円台を回復したものの、再び一三〇〇～一二〇〇円台に下落。連休前から一一〇〇円台に下降し、連休明けから一〇〇〇円台

まで下がっていった。

　昨年の大阪市長選挙では、「若造の橋下が何を言うか。絶対に勝たせるな」と財界から声が上がり、政党、財界挙げて橋下潰しに動いたとの報道が相次いだ。その財界とは、その後橋下市長側近が「電力」と発言していることから、関西電力のことだろう。

　ジャーナリストの大谷昭宏氏が、週刊誌で興味深い発言をしている。

「脱原発を訴えはじめたが、夏に電力が不足しそうだとなると新税をぶち上げ、うやむやにした。弱みを握られるなど、裏で関電と何かあったのではないか、と疑ってます」（『週刊朝日』二〇一二年五月二五日号）

　そして、松井知事と橋下市長は関電の森会長ら、在阪経済三団体首脳と、冒頭の関西広域連合の首長会直前の五月一五日夜に密会していたことがわかったのだ。六月一日退庁時のぶら下がり会見で橋下市長は、「一度、松井知事と経済界の代表者と食事をしました。その時は（再稼動について）なんとかならないかという話になりました。厳しいというだけで圧力はないし、政府の手順のおかしさも指摘して理解を得られた」と、事実上は関電と再稼働に向けて手打ちをしたことを認めたのだ。

　その一方で、「（限定的再稼働は）いろいろ考えるなかで、最初から考えていました」（六月一日朝のぶら下がり会見）とも答えるなど、原発再稼働は当初からの考えだったことも明らかにし、〝脱原発〟からの変身を正当化した。

　橋下市長は、自認しているとおり、元来が「原発悪玉論者」ではなく、「原子力は国防上必要」というのが持論。その橋下氏が、本気で脱原発など考えるはずはない。そうすると、三・一一以後の橋下市長の原発に関わる一連の発言は、政争の具か、何か特別な目的のための手段だったと考える方が、自然だということになる。

第2章

知られざる政財界人脈

橋下徹のウラ政財界人脈

大阪市営地下鉄の売却&梅田再開発計画……橋下利権数兆円に群がる政財界の〝吸血鬼〟たち

〝バブル紳士〟安原治元富士住建社長、佐藤茂雄京阪電鉄相談役、衛藤征士郎衆院副議長、石原慎太郎&鹿島グループ、大林組……知られざる橋下政財界ルートの面々。

有力スポンサーはあのバブル紳士

大阪のある土建会社社長が筆者に明かす。

「そりゃ、なんといっても安原さんが一番のスポンサーや。マンションの賃貸料収入だけでも年間一〇〇億円を超える大金持ちや。表には出んけど、後援会の中では、上の方の幹部をやってるわ」

この土建会社社長が言う「安原さん」とは、かつて住専（住宅金融専門会社）の大口融資先として知られ、脱税で逮捕されたこともある「富士住建」の安原治元社長のことである。安原元社長こそが、橋下徹大阪市長の後援会「橋下徹後援会」（奥下素子会長）の有力スポンサーなのだという。

いまから二十数年前のバブル期、末野興産、朝日住建と並んで住専大口融資先の西のビックスリーと呼ばれた富士住建は、グループ会社一八社を抱え、最盛期には住専から約三〇〇〇億円、ノンバンクから一千数百億円、

その他銀行などから一千数百億円、総計で五千数百億円もの借金を抱えたまま、バブル崩壊にともなって倒産。そして一九九七年に、安原元社長は脱税で逮捕された。

このいわくつきの経営者だった安原元社長が、なぜ橋下後援会の有力スポンサーなのか。筆者にはすぐに合点がいかなかったが、先の土建会社会長は、こう経緯を説明してくれた。

「知事になる前の弁護士時代、橋下さんの中学時代の同級生で、ブレーンをしていた不動産業者の紹介で知り合ったんや。そのブレーンのオヤジさんは元ヤクザで、もともとわしらの仲間や。橋下さんとわしらの付き合いが始まったんは、それからや。今度の大阪市長選挙の時にも、橋下市長が平松さんに追い上げられて『危ない』という情報が飛びかった時なんか、安原さんは必死で走り回っとったで」

さらに、こんな事実まで明かしてくれた。

◆"バブル紳士"安原治元富士住建社長は石原都知事の強力なパトロン（時事）

「橋下市長は大阪府知事（二〇〇八年二月六日就任）になった直後、上京して石原慎太郎東京都知事に会った。それも全部、安原さんが段取りしたからできたことや。というのも、安原さんはバブルの頃、石原さんの関西後援会の会長をしていて、当時、衆院議員（九五年四月辞職）だった石原さんを応援していた。

石原都知事は神戸出身で、関西に友達も多い。それでよく大阪に来て講演会をやっていた。講演会が終わった後には、みんなで料亭なんかに行って飲んだもんや。

関西の石原後援会は、規模は小さくなったものの、いまでも安原さんの仕切りで続いとるわ。石原さんが大阪に来たときは、会員が集まって席を持っている。

そりゃ、安原さんから石原都知事には、相当な（金額の）支援が行ってるはずや」

筆者はバブル期に、住専の取材で石原慎太郎関西後援会の有力会員名簿を入手したことがある。会長には確かに富士住建の安原社長（当時）が就任していたし、その他の有力会員にも、住専大口融資先の不動産会社や土建会社などいわくつきの会社が名前をつらねていたことを記憶している。ただあれから二〇年、バブル崩壊でそのほとんどの企業が倒産ないし廃業しているはずなのに、いまだに後援会活動を続けていたとは驚きだ。

闇社会の人間と抵抗なく付き合う男

バブル期、その関西石原慎太郎後援会のメンバーだった、在阪の不動産業者が語る。

「安原さんが主宰していた、不動産研究会が主体になって石原後援会を立ち上げた。ワシも誘われて入ったが、会員数は一〇〇人は超えていたはずや。年会費三五万円の他、石原都知事が大阪に講演に来るたびに、別に会費を取られていた。会員の中には、建築家の安藤忠雄がまだ売り出す前の若い頃に面倒を見ていた、富士住建と同じ住専の大口融資先で、バブル崩壊で借金を抱えて倒産した不動産業者もいた」

この不動産業者は、さらに橋下市長が弁護士としてテレビで売り出し中だった頃のエピソードも語ってくれた。七、八年前、北新地にある高級クラブ「Ｏ」で目撃した光景だ。

「やしきたかじんや島田紳助など四、五人で飲んでいた。橋下市長はお忍びで来ているつもりか、変な帽子を被ってたから、かえって目立ってたわ」

さらに不動産業者は、「元来、アンダーグラウンドの連中と付き合うのに何の抵抗もない男や。弁護士だとか知事だとか市長だとか、(公職に就くとは)思えん人物や」と言うと、大阪府知事になってからのある出来事を例に挙げて酷評した。

橋下氏は〇八年一月の大阪府知事選挙で、「大阪府は夕張市と同じ破算会社」と公言して当選するやいなや、「財政再建」を大義名分にして、多くの府立施設を民間に売却する方針を打ち出した。その一つとして大阪府立体育会館が俎上に上がった。大阪府立体育会館は、大相撲春場所の舞台として使われることから、相撲界をはじめ多くの府民の反対で廃止・売却話は白紙になったが、先の不動産業者によれば、裏でこんな話があったという。

「大阪府立体育会館の売却は、業界では悪さをすることで有名な金融業者と住専の大口融資先の不動産業者が仕掛けたという話や。それで、別のマンション建設販売業者に買わせて、転売するつもりやったが、その会社が倒産したんで（話が）パアになった。八割方、話は進んでたということや。

住専の大口融資先の不動産業者とは、四年前にスルガコーポレーションの事件が東京であったやろ、あのスルガに暴力団系の地上げ屋を紹介したところや」

スルガコーポレーションの事件とは、〇八年三月に同社が東京都内で地上げを依頼した不動産会社「光誉実業」の朝治博社長ら一二人が、弁護士法違反で摘発された一件を指す。「光誉実業」は山口組の有力組織、宅見組のフロント企業として知られ、反社会的勢力との関係を問題視されたスルガコーポレーションは銀行融資を停止され、同年六月に民事再生法の適用・上場廃止となった。

先の不動産業者が話を続ける。

「そのフロント企業は、山健組系健竜会（五代目山口組組長・渡辺芳則の出身組織）の相談役をしていた部落解放同盟安中支部の丸尾勇元相談役と組んで、八尾で利権漁りをしていた業者や」

真相は藪の中だが、後で紹介する府施設の売却話も不明朗な経過をたどっており、聞き捨てならない話である。

市営地下鉄の売却に蠢く関西財界

住専大口融資先の富士住建の安原元社長が橋下市長の有力なスポンサー——裏社会のスポンサーの存在は、一方で、表社会の関西財界と橋下市長の親密な関係を彷彿とさせるものだが、橋下市長と関西財界は、大阪府知事時代にはうまくいっていた。

しかし、福島第一原子力発電所の事故後、橋下市長は原発依存率が高い関西電力のことを「霊感商法」と激しく非難した。その頃から、関西財界との距離が遠退いたといわれている。とくに、関西電力の筆頭株主である大阪市の市長選に出馬したことから、敵対関係になったとまで囁かれ、一部マスコミもそのように報道した。

ところが、在阪の建設業界関係者によれば「実は橋下市長には、関西財界とは別のルートでパイプがある。関電との関係も、どこかで折り合いをつけるはず」だという。意外な話である。

別のルートとは、自民党の比例九州ブロック選出の衛藤征士郎衆院副議長のラインだ。衛藤衆院副議長は、もともと大分県選出の衆院議員。その出身地である大分県の人脈が、橋下市長と関西財界をつなぐパイプになっているという。

◆自民党の衛藤征士郎衆院副議長が大分県人脈のパイプ役（共同）

そして、現在の橋下市政と、橋下市長が代表を務める大阪維新の会の幹事長、松井一郎府知事が打ち上げている最重要プロジェクトには、次のような大分県出身の関西有力財界人が直結していると言って、次々と名前を挙げたのだ。

「現在、大阪商工会議所の会頭をしている京阪電鉄（京阪電気鉄道）の佐藤茂雄相談役、先代の金馬昭郎社長、そしてその金馬氏と昵懇の間柄だった近畿日本鉄道の田代和名誉会長、関西の談合王と呼ばれた大林組の山本正明元顧問、さらに関電の幹部にも大分県出身者は多い。この六月に開かれる大分県人会には、松井知事が出席し、挨拶することになってる。本当は橋下市長が来るべきなんやがあまりに露骨なんで、松井知事は代理ということやろ。それにしても、なんで大分県人会に維新の会の松井知事が来るんか。要はそんだけ関係が深いということや」

京阪の佐藤相談役といえば、橋下市政の当面の最大の眼目、市営地下鉄民営化の財界側の旗振り役である。まだ橋下氏が知事に就任して一年も経っていなかった〇八年九月、当時京阪電鉄の最高経営責任者で大商の副会長だった佐藤氏は橋下氏の手法を評して、「無茶苦茶なことをまず言っておいて、だんだん（ハードルを）下げていくのが彼のやり方。我々から見たら〝かわいい人〟だなあと思う」と持ち上げていた。

この佐藤氏の期待に応えるかのように、橋下市長は当選前の知事時代から、ことあるごとに地下鉄の民営化を口にしていた。それは、資産だけで一兆二〇〇〇億円の価値があり、年間二〇〇億円を超す黒字経営の優良公営企業だからである。実際、地下鉄民営化を公約にして、市長選を闘った。そして市長就任の直後、大阪市の労働組合の中でも最大労組である大阪交通労働組合（大交労組）の中村義男執行委員長を呼びつけ、「組合員が選挙期間中に平松邦夫前市長の選挙応援活動をしていた」と恫喝。職員数の半減、給与の四〇％カットを宣言して兵糧責めにする一方、選挙活動の内実や勤務実態の調査、さらには職員に無断で職場のパソコンメールの調査を行なった。そのうえ、大交労組の組合員に対して、どの候補者に投票したかまで明らかにしろと迫ったのだ。しかし、こうした思想信条調査は、国民の選挙活動の自由、思想・信条の自由を侵す憲法違反にあたる。

さらに大阪維新の会所属の市会議員が、先の市長選挙で、勤務時間中に選挙運動をしていたという大交労組組合員と非組合員の管理職のリストを持ち出して責めたが、このリストは捏造されたものだったことが後に発覚している。

大阪維新の会の市会議員団は、これについて釈明の記者会見を開いたものの、橋下市長自身は「なんら問題ない」と開き直って謝罪しなかった。

◆京阪電鉄の佐藤相談役は筋金入りの橋下応援団（時事）

橋下市長は、捏造リストまで使い、地下鉄民営化の地ならしのために大交労組を潰そうと狂奔して失敗したわけだが、市長はこれに懲りず、巻き返しの策に打って出た。

三万六〇〇〇人の全職員を対象にした入れ墨調査だ。回答しない職員は昇進ストップ、さらには七月市議会で、国家公務員と同様に刑事罰を科す政治活動禁止条例を制定するとまで言い出し、大交労組を含む大阪市関係労組の政治活動を完全に禁止する方針を打ち出した。

どれもこれも、地下鉄民営化をスムーズに進めるために、最大の抵抗勢力である大交労組の両手両足をもぎ取ることが目的なのである。

衛藤征士郎を介した大分県人会の「票」

橋下市長は、労組退治に血道を上げる一方で、市営地下鉄や市営バスの民営化の準備を着々と進めている。

最高決定機関である大阪府市統合本部に、この二月、地下鉄と市バスの民営化を検討するプロジェクトチームを設置。同プロジェクトチームのアドバイザーには、かつて大阪市改革委員会の委員長を務め、市営地下鉄の民営化を唱えていた慶應義塾大学の上山信一氏が就任。上山氏はその当時、「地下鉄民営化を強行しようとした」という理由で大阪市から追放された過去があるが、橋下氏が府知事になると府の特別顧問に抜擢され、現在は府市特別顧問に就いている。

橋下市長は、民営化をよりスムーズに進めるため、京阪電鉄の子会社である京福電鉄（京福電気鉄道）の藤本昌信副社長を大阪市交通局長に抜擢した。さらに、四月四日付で関西の私鉄五社の幹部らを民営化プロジェクトチームのアドバイザーに就任させ、黒字経営の地下鉄をはじめ、資産一兆二〇〇〇億円といわれる大阪市交通局の財産略奪に血眼になっている。市民からの批判が強い敬老パスの有料化も、民営化をスムーズに行なうための下準備でしかない。

先の建設業界関係者が話を続ける。

「いまの佐藤相談役（京阪電鉄）は、先代の金馬昭朗社長の力で後任の社長に引き上げられたんです。その金馬さんと後継者の佐藤さん、そこに並ぶかたちで大林組の山本さんがいたが、その真ん中に衆院議員の衛藤征士郎

さんがいるという関係でした」

　それにしても、どうして橋下市長と衛藤衆院副議長なのか。

「二人とも早稲田大学の政経学部卒です。衛藤さんには、代議士に当選以来、優秀な私設秘書がついています。その人も早稲田の政経卒です。あまり知られていませんが、通産官僚出身だった太田房江さんの最初の知事選の最中、衛藤さんは、太田さんの名前でやると選挙違反になるので、衛藤征一郎を励ます会の名義で上六にある都ホテル（当時、近鉄が運営）で政治資金パーティーを開いています。パーティー会場のひな壇には、関西の財界人一〇人ほどが並びました。会費二万円で二〇〇〇人も集まり、太田さんは選挙資金数千万円を手にしたんです。

　二〇〇〇人のうち、半分の一〇〇〇人はゼネコン関係者で、みんな談合屋でした。大林組の山本さんの鶴の一声で集まったんですな。そのころ常務だった山本さんは、まさにゼネコン業界の天皇。大林組の八階のワンフロアを自分の部屋にし、面会は朝九時から一一時まで。それも『時候の挨拶なんかええ、用件を言え』と言って、面談時間は長くて五分。毎朝、ぎょうさんゼネコン関係者やら土建業者が詰めかけていました。山本さんは秘書から受け取る面会要請メモを手がかりに会う相手を選んでいたので、会えるのはせいぜい半分。残りは帰らざるをえなかったほどの実力者だった。

　太田さんのパーティーの直前に、自民党の集会が開かれたのですが、そこには五、六〇〇人ほどしか集まらなかったので、太田さんは自分のパーティーに二〇〇〇人も集まったことで、田舎代議士だと思っていた衛藤さんの影響力にびっくりしたんです」

　さらにこう続ける。

「そうした衛藤さんの力のことを耳にしたんでしょう、まだ府知事選出馬前の橋下さんは、同じ早稲田の政経卒ということで、衛藤さんの秘書を訪ねたそうです。だからなんでしょう、府知事選では大分県人会から、橋下候補に投票するよう動員がかかったんです。府知事就任直後、大阪のリーガロイヤルホテルで開かれた橋下さんの政治資金パーティーでも、大分県人脈が動員されました。

　大阪・枚方市の官製談合事件（〇七年）では、市長が逮捕されましたが、大林組の山本さんも逮捕されて有罪判決を受けています。だから橋下さんのパーティーでは、表に出られませんでしたが、衛藤事務所が仲介するかたちで橋下さんと山本さんは裏で会っていたと思います。

いま大林組では、御曹司の大林剛郎さんが会長をやってますが、元来がボンボンですから、官庁や企業などには山本さんが連れ歩いたと聞きます。まあ、剛郎さんは一〇〇％、山本さんの言い成りでしたよ」

そこで筆者は、山本氏の近況について、大林組本社に問い合わせたが、「現在、当社に在籍しておりません。そうした御質問については一切お答えできません」と、ピシャリと回答を断られてしまった。そのため、橋下氏と山本氏との関係にまつわる真相は、業界関係者が言うように、どこまで深いものだったかは不明だ。

大林組との不可解な関係

しかしである。橋下市長と大林組の関係をめぐっては、誰しもが「なんでや？」と疑問に思うことが過去に起こっている。

それは、大阪府が開発した大規模プロジェクト「水と緑の健康都市」の中核事業である箕面市のニュータウン「箕面森町」の宅地整備事業のことである。この宅地整備事業の第一期事業を落札したのは大林組だった。しかも入札参加者は大林組ただ一社。入札は〇五年五月に行なわれ、大阪府の積算額一三二億三〇〇〇万円に対して、契約額は一三二億一〇〇〇万円で落札率は九九・八％と異常な高値となった。さすがに府議会で問題になり、「大林組しか受注できない仕方で発注したことになる。こういうやり方を官制談合という」と批判を浴びた。

もっとも、分譲地の売れ行きは悪かった。これに対してまだタレント弁護士としてテレビに出演していた橋下氏は、この「箕面森町」整備事業について、〇七年二月に朝日放送の情報番組「ムーブ」に出演し、「役人は責任を取れ」と罵倒、「箕面森町」の無駄使いを次のように批判していた。

「簡単なのはね、役人連中に強制的に買わしたらいいんですよ。大阪府の予算は約三兆円、うち三分の一があいつらの給与になるんですよ。こんなの事業者が役人連中にシャベルとツルハシ持たせて、夜中に造成させるか、強制的に買わせるべきですよ。これ全部住まわせたらいいんですよ、高値でね。責任取れちゅうんですよ」

その一年後、橋下氏は大阪府知事に当選したわけだが、その途端、態度を一八〇度変え、大阪府のホームページに「箕面森町」の分譲地販売促進ビデオをアップし、なんと橋下知事自らが、「府が責任を持って引き続き事業の完成を目指します。子どもが笑う、大人も笑うスマイル箕面森町」と語り、セールスマン役として登場したのだ。

◆橋下氏が府知事時代に売却した大阪府立青少年会館の跡地で工事が進む京阪電鉄のマンション

今回、大林組との隠れたパイプについて知るにつけ、橋下市長の変わり身の早さもさることながら、その背景にある、きな臭い関係について得心した次第である。

〝橋下利権〟と大林組

そしてもう一つ、先に触れた京阪電鉄との関係についても、指摘しておかなければならない。

橋下氏が府知事時代、民間に売却した施設の一つに、大阪府立青少年会館がある。売却される経過については、拙著『橋下「大阪維新」の嘘』（宝島SUGOI文庫）で詳述しているので省くが、この施設を落札したのは大手不動産会社、長谷川工務店だった。

当初、その価格は「売却すれば一〇〇億円」（上山信一・大阪府特別顧問＝当時）といわれていたが、結局は八〇億円、六〇億円と価格が下がり、〇九年三月に同会館の廃止にともなって実施された入札では、大阪府が提示した最低価格が三一億八〇〇〇万円まで低下したのにもかかわらず、応札は一件もなかった。そして、同じ年の九月になって長谷川工務店一社だけが応札し、三一億九〇〇〇万円で落札している。

時を隔てて今年の二月、筆者はJR森ノ宮駅から徒歩一〇分足らずの大阪府立青少年会館跡地に分譲マンションが建つと知り、その建設現場を訪ねて驚いた。なんと、そのマンションの売主は京阪電鉄なのだった。

マンションの全戸数は四九三戸。大阪城公園の目の前で、天下の大阪城を借景できる。

「応札が長谷工さん一社だったので、比較的安い価格で販売できました。いまのところ半分売れてます」

販売代理店である京阪不動産の営業マン社員の説明を聞きながら、どうしてまた、京阪電鉄が進出してきたのか不思議だった。しかしその後、元自民党府議団幹部から聞いた話によって謎が解けた。

「京阪（京阪電鉄）は、大阪維新の会の政調会長で府議会議長をしている浅田均議長の選挙区、大阪市城東区を走っています。そして、京阪の元常務は浅田議長の後援会長をやっていたほどで、京阪と浅田議長は非常に近しい関係にある。それで京阪が売主になったのでないか」

先に書いたように、大阪商工会議所の会頭を務める佐藤茂雄氏は、京阪電鉄の相談役でもある。大分県人脈でもあり、また佐藤相談役の関西財界人としては異例ともいうべき橋下市長への肩入れぶりをこの話に重ね合わせると、大阪市営地下鉄の民営化には、やはりきな臭いものがつきまとう。

脱原発を反故にする関西財界との手打ち

筆者に橋下市長と大分県人脈の関係について漏らした、先の建設業界関係者が語る。

「『梅田北ヤード』（JR大阪駅の北側にあるエリア。都市再生緊急整備地域に指定）とか『なにわ筋線』（JR西日本新大阪駅からJR西日本難波駅、南海電気鉄道汐見橋駅から難波駅まで大阪を南北に結ぶ計画路線）、それにリニア鉄道など、これから大阪市内の〝橋下利権〟は何兆円にもなる。府庁にはなんの利権もなかったことを思うと、大違いや。仕切るのは全部大林組。全部（工事を）自分のとこでやるわけにはいかんので、前田建設工業とか、大林組と姻戚関係にある鴻池組とかが表に出てくるやろ。それに関東の鹿島も参入してくる。

ただし業界のしきたりで、どのゼネコンも大林組の下（下請）に入ることになる。そうなると、鹿島はもちろんやが、同じ関東の清水建設も大成建設も大林組に挨拶せんならん。それも社長が直々に。

大林組で他社の相手をするんは、談合事件で表舞台からは消えたものの、隠然たる力を持っている山本元顧問が指名した部長や。

石原都知事のバックにいるんは、鹿島や。石原都知事が橋下市長とよく会ってるんは、なにも新党結成の話をするとかやなくて、橋下市長が握る数兆円のプロジェクトに絡む鹿島の大阪進出が関係しとんのや」

この四月二〇日、松井一郎・大阪府知事と橋下徹・大阪市長、それに在阪経済三団体トップとの初の首脳会談が行なわれた。北ヤードやなにわ筋線、リニア鉄道など数兆円の大規模プロジェクトについて意見交換があり、関西空港へのアクセス時間を縮めるための新駅を新大阪駅にすることで一致している。

◆石原都知事とは政治資金と利権でつながる（時事）

この首脳会議で財界側のリード役を果たしたのは、大阪商工会議所の会頭を務める京阪の相談役・佐藤氏だ。会談終了後、財界側は「ざっくばらんな話ができて大変有意義だった。経済界と行政が協力して大阪をよくするということで一致した。今後も意見交換を重ねていきたい」と言って橋下市長と松井知事を誉め上げ、関西財界の要望に応える首長であることをあからさまに公言した。

この日の首脳会談は、原発問題をめぐって全面対決しているかのように見えていた橋下市長と関西財界の雄「関電」の正式な手打ち式ではないのか……筆者にはそう思えてしかたがなかった。

そして、震災ガレキも大阪市の人工島・舞洲で受け入れるというわけだから、橋下利権は膨らむ一方だ。

橋下徹のサラ金人脈

幻の「サラ金特区構想」と世にも奇妙な〝橋下徹激励会〟

大手サラ金業者が主催、ネット右翼も同席した「宴」の一部始終

大阪府知事時代、橋下氏は高利貸したちのために「サラ金特区」をつくろうとして挫折した。元サラ金弁護士の橋下市長が、サラ金にそこまで肩入れした事情がようやくわかった。

サラ金業者と「在特会」が集う酒席

「アホとチョン（朝鮮人への蔑称）は死んだらいいねん」

「アホが高校行ってどないするねん」

いまから六年前の二〇〇六年一〇月のある日の夜。名古屋市の繁華街にある料理屋の二階で一〇人ほどの酒席が開かれた。この酒席では、人を蔑む言葉が連発され、ある人物を中心にして大いに盛り上がった。その人物とは、カジュアルな服装で茶髪、濃い色のサングラスという出で立ちで、いかにもお忍びで来たような様子だった。座が盛り上がったところで、誰かがこう呼びかけ、拍手が沸き起こった。

「橋下先生を応援しましょう」

当の「橋下先生」は、東京から大阪に帰る途中で名古屋に寄ったらしく、宴会の途中で「橋下先生はいまから帰られますから」と参加者に声がかかり、酒席を後にしたのだった。酒席の主催者は、サラ金大手のアイフル。

そして「橋下先生」と呼ばれた酒席の主賓こそ、いまをときめく大阪市長の橋下徹氏である。

この四月下旬、知人を介して知り合った松本明（仮名）さん（「在日特権を許さない市民の会」、いわゆる在特会の元幹部）は、その酒席の参加者の一人で、どうしてその場に自分がいたのか、「ホント、恥ずかしくて、思い出したくもないことですが」と筆者に断りながら、当時のことを振り返ってこう語った。

「二〇〇〇年から、名古屋市内の大手運送会社のトラック運転手として働いていた私は、〇三年秋頃から、運転手仲間の紹介で、片手間で右翼団体の街宣車を運転するアルバイトを、日給一万円で始めました。運送会社は〇六年四月に、社長とトラブルがあって退職するのですが、その前後に街宣車の右翼仲間から誘われて『日本会議』に入会し、ネット右翼の世界にも足を突っ込むようになりました。この時期、日本会議を通じて、戸塚ヨットスクールの戸塚宏校長の講演会に誘われたりし、そこで名古屋市内のネット右翼の世界では有名な人物でもあった、後の在特会の幹部たちと知り合ったんです。

ある日、愛知のネット右翼関係者から、アイフルが主催して開かれた市内での酒席に誘われました。最初は、『お金もないし、無理です』と断ったのですが、『こっちで払うから』とその人物が言うので出席したんです。

その場には、後に在特会会長になる桜井誠、新右翼団体の『維新政党・新風』の関係者、自民党国会議員の秘書、府議に当選した後に大阪維新の会に鞍替えした自民党府議がいました。サラ金業界からは、アイフルの社員のほかにも、その子会社で商工ローン会社のシティズ、大手サラ金のアコム、プロミスの社員が出席していました。

橋下さんの顔はテレビで見て知っていました。この時、橋下さんは在特会の桜井会長と話していましたが、橋下さんが帰った後、私は初めて桜井会長と話をしています。後から考えると、『なんだ、橋下弁護士を政界に送り込むためのサラ金業界の激励会だったんだ』と思いましたよ」

酒席の出席者の顔ぶれを聞くと、どこでどうつながっているのか、なぜこんなメンバーが一堂に会するのか理解しがたかった。ゆえに筆者は、「それってホントの話か?」と思い、当初は松本さんの話に疑問を持っていた。そのため、松本さんの素性について矢継ぎ早に質問を浴びせ、後日、経過報告書と在特会の人脈図など詳細な資料を送ってもらい、氏の話には、小さな思い違いはあったとしても、おおむね事実であることを確信するに至ったのである。

当時、在特会は発足(〇六年一二月)する直前で、松本さんは、東京で行なわれた発足式の準備を手伝った。この時は、一般会員として参加したという。翌〇七年一月、在特会の縁で、維新政党・新風の元副代表・瀬戸弘幸氏らとも出会い、同党にも入党したという。そして同じ年の九月、在特会の名古屋支部(現愛知支部)を発足させる話が持ち上がり、桜井会長から支部長就任を打診されたものの、経理ができる幹部がいなかったので、会計担当の幹事に就任している。

当時の在特会は、松本さんを含め、ほとんどのメンバーが偽名で活動していたという。現会長の桜井氏の名前も偽名であることがよく知られている。名古屋支部は、同年一二月に発足し、集会も開かれた。そして翌〇八年一月、在特会が過激なデモを行なうようになったことから、松本さんは自らの思想が相反することに気づき、脱会を決意。桜井会長、維新政党・新風の幹部などから、「チョンはキムチでも食ってろ」「アカとチョンカスは出ていけ」と罵倒され、結局、この二つの団体から除名された。同時に日本会議も脱会した。

日本会議に入会してから二年足らずのことだったが、松本さんはその間の体験からこう話す。

「日本会議と拉致被害者を救う会、在特会はメンバーが重なっていた。日本会議の中心人物は、安倍晋三元首相です」

橋下「サラ金特区構想」の舞台ウラ

話を冒頭の酒席に戻す。

なぜ橋下氏の激励会をサラ金業者が主催していたのか。それは当時、橋下氏がアイフルの子会社であるシティズの顧問弁護士をしていたからだ。

当時、自殺者はすでに年間三万人を超えており、その多くが経済苦を理由にしていた。多重債務者による悲劇が大半だ。多重債務を生み出す最大の原因は、貸金業者の高金利（年二九・二％）と過剰与信、貸し過ぎである。そのため、高金利を引き下げろという世論が高まり、一部では反対運動も起きていった。

こうした流れを受けて、国会では、貸し手に対する規制を強化し、多重債務者の発生を抑制するための改正貸金業法が全会一致で可決・成立（〇六年一二月）。個人の借入総額を年収の三分の一に抑える「総量規制」と、金利の引き下げ（一五〜二〇％）が決まり、一〇年六月から完全施行されることになっていた。

貸金業界は法改正に真っ向から反対し、法の完全施行を前に政界工作やマスコミを使って、法改正そのものを闇に葬ろうとしていた。先の酒席が開かれた時期は、まさに業界上げての巻き返しが行なわれている渦中だった。

その一つが、総量規制をすれば闇金が増えるというキャンペーンだ。実際には、改正貸金業法が完全施行されたことで、多重債務問題は解決に向かって前進している。統計を見てもそれは明らかだ。たとえば金融庁やクレジット・サラ金会社でつくる全国信用情報センター連合会などの調査によると、サラ金で五件以上借入登録のある者は、〇七年二月から一二年二月までの間に約四分一に減少。また最高裁民事局のデータを見ると、個人破産も、ピーク時の〇三年に比べて昨年一一年はほぼ半減。多重債務を背景とする民事調停や支払い督促も大幅に減少した。さらに警察庁の統計によると、多重債務を原因とする自殺者の数は、〇七年から一一年末までの間に約三分の二に減少している。

ヤミ金被害も減っている。全国の消費生活センターではヤミ金がらみの相談が四分の一以下に減り、一般事件の検挙件数・人員の「前年並み」が続くなか、ヤミ金融被害人員・被害額は顕著に減少しているのだ。貸金業界の懸念はまったくの杞憂に終わったといっていいだろう。

名古屋市内で、橋下氏の激励会が開かれたのは、改正貸金業法が国会で成立する直前のことだった。そして、それから二年後の〇八年一月、なんとその橋下氏は大阪府知事に当選、まさに政界に躍り出たのである。

その橋下知事が、府知事になって初めて幹部職員を民間から登用したのが、サラ金対策のトップでもある大阪府商工労働部長のポストだった（〇九年四月から三年間の任期付き）。任命されたのは、元通産官僚でコンサルタント会社社長の杉本安史氏だ。

当時、この人事に注目していた人物がいる。全国クレジット・サラ金問題対策協議会事務局長の木村達也弁護士（大阪弁護士会）である。木村弁護士がこう指摘する。

「杉本安史氏は、大阪で改正貸金業法を骨抜きにするため、以前、大手サラ金子会社の顧問弁護士をしていた橋下知事が引き抜いてきた人物です」

事実杉本氏は、大阪府商工労働部長の立場から、改正貸金業法施行の「弊害」を指摘し、改正法の完全施行直後（一〇年七月）、橋下知事が突然国に提案した「小規模金融構造特区構想」、いわゆる「サラ金特区構想」のために奔走した人物だ。

「サラ金特区構想」とは何か？　この構想では、中小企業向けの上限金利を改正前の二九・二％に戻すほか、「総量規制」が規定した債務者の年収の三分の一を超えて無担保融資ができるように緩和するというものだ。さらにこれらの特例は、大阪府内に本店を置く貸金業者が、府内の店舗で融資する際に適用することを想定しており、借り手は府民でなくてもよいことになっていた。

まさに大阪を「サラ金天国」にしようというとんでもない構想だった。

このため内外から批判の声が上がり、当時、改正貸金業法を完全施行したばかりの国も、さすがに大阪だけを特別扱いするような「サラ金特区」の設置は認めなかった。

この「サラ金特区構想」をめぐっては、在阪テレビ局で橋下府知事（当時）と木村弁護士の討論番組が予定されていたが、国が申請を認めなかったため、橋下知事側から討論番組の見送りがテレビ局に伝えられ番組は実現しなかった。

改正貸金業法を骨抜きにする工作

橋下府知事のもと、「サラ金特区構想」の実現に奔走した前述の杉本商工労働部長（当時）は、「サラ金特区」構想について、日本消費者金融協会（ＪＣＦＡ）の機関誌『クレジットエイジ』（一二年三、四月号）で、〇六年当時に金融庁の信用制度参事官として貸金業の制度改革を進めた中心人物、大森泰人・金融庁証券取引等監視委員会事務局次長と対談し、「きっかけは、影響を懸念した府議会議員からの指摘だった」と弁明している。

さらに杉本氏は、「借りられなくなる人たちへの対策はどうするのか、一〇人に一人の多重債務者をどう救済するのか、その答えが『小規模金融構造改革特区』だった」と説明している。

しかし、法改正前の高金利に戻すことが、どうして多重債務者を救うことになるのか。とうてい納得のゆく説明ではない。

さらに「サラ金特区構想」のきっかけは、府会議員からの突き上げだったと釈明しているが、事の経過はまったく異なる。

〇六年には大阪府下三四自治体の地方議会で、改正貸金業法の成立に向けて、「高利引き下げを求める」意見書の採択が行なわれ、〇九年には府内すべての地方議会で改正貸金業法の早期実現を求める意見書が採択されている。また法改正成立後の〇七年八月、大阪府では府、市長会、大阪市消費者センター、弁護士会、司法書士会、被害者の会、労働者福祉協議会など一二団体による「大阪府多重債務問題対策協議会」が設置され、官民共同して多重債務者のための相談・救済活動が行なわれてきた。さらに府議会は、〇九年一〇月、改正貸金業法の早期完全施行に向けた要請決議も行なっていた。

橋下府知事が一〇年七月初めに公表した「サラ金特区構想」は密かに進められてきたものであり、ゆえに府民、府議会に対する裏切り行為そのものだ。それなのに杉本氏は、府議会にその責任を転嫁することで、「サラ金特区構想」の真犯人を隠そうとしたのである。

しかし、この対談を読み進めていくうち、杉本氏はたちまち馬脚を現わし、真犯人がサラ金業界であることを、自身の言葉で浮かび上がらせている。

たとえば杉本氏は、「サラ金特区」を正当化するために、

「その当時、一方的に『貸金業者悪し』という流れが蔓延していたが、私のように民間にも通産省にもいた人間からすると、それはちょっと違うという感覚だった。これまで社会的に存在していたということは、社会的な役割があったからこそ存続できたわけで、そのことをもっと認識すべきです」と、サラ金業界のスポークスマン的な立場を露骨に表明している。

問題になっていたのはサラ金業者の存在ではなく、不当な高金利で過酷な取り立てを行ない、それこそサラ金漬けにして、そのことで自殺者が急増し、家庭崩壊など社会問題になってきたことである。だから、高金利引き下げ、総量規制が国民的な合意となり、改正貸金業法が成立、施行されたのであって、「社会的役割云々」を言うことは、問題のすり替えでしかない。

もっと言えば、本来行政のセーフティーネットの充実で救済すべきところを、橋下府政も、昨年一一年一一月からの橋下大阪市政も、逆に福祉切り捨て、中小企業向け融資制度の改悪などをごり押しし、府民の生活を一層窮地に追い込んできたというのが実態である。杉本氏はその担当部長だったわけだから、何をか言わんやである。

杉本氏はまた、「貸金市場と多重債務者への対応は地域生活者の立場から」と言い、地方分権の延長として「サラ金特区」を正当化している。しかし高金利のサラ金特区を求める住民などどこにもいないだろう。それこそご都合主義の地方分権論であって、奇想天外の暴論としか言いようがない。要は何度も言うように、サラ金業者のための特区だということは誰の目にもわかることである。

さらに杉本氏は、「表の部分が狭くなれば、ヤミ金が商売しやすい環境になる」と言い、改正貸金業法によるヤミ金の横行についても話しているが、対談相手の大森氏に「制度改革とヤミ金の存在とは無関係。多重債務者そのものをなくし、ヤミ金ビジネスが存立し得ないようにすることが、この問題への構えになる」と、一刀両断にされている。先に述べたように、改正貸金業法の施行後、統計的にも「ヤミ金ビジネス」は大幅に減っている。

多重債務者問題に取り組む「大阪いちょうの会」の川内泰雄事務局長が語る。

「これまで最盛期には月に一〇〇件以上、ヤミ金の相談

があったが、最近は、月に一〇件程度で、急激に減っています」

杉本氏の論理は、さらに支離滅裂なものとなっていく。

「かつかつの中で生活している方が、急に職場で、給料やボーナスをカットされたとか、残業代を削られた、そういうことは日常的に起こり得ること。そうなった時、仮に私学に通う子供がいたら、『収入が減ったから学校をやめてくれ』と言えますか。子供から『あと一年間で卒業なのだから、あと一年通わせて欲しい』と乞われたなら、親としてはその間、必要なら借金をしてでも切り盛りして通わせてやろう、そう思うのではないでしょうか」

これこそ噴飯ものの理由づけだ。親の収入が減ることは、いまの大不況時代にはごく普通にあることで、それで学業を諦めなければならない学生が多いのも、よく知られた話である。

本来、奨学金の充実などで、そうした子どもたちを救うことこそ行政の果たすべき役割なのに、杉本氏は授業料が払えないならサラ金から借りればいい、そのためにもサラ金が必要だと言わんばかりで、およそ行政官としては失格者といっていい感覚の持ち主なのである。

こうして杉本氏の発言を検証していくと、「(杉本氏は)橋下知事が改正貸金業法を骨抜きにするために引き抜いた人物」という先の木村弁護士の指摘は、的を射たものだということがよくわかる。

債務者とサラ金業者の間で二股弁護

それにしても、大阪府なぜ、悪辣なサラ金業者のために「特区」を設置しようとしていたのか。

ここでその発案者である橋下氏が、サラ金業者の顧問弁護士時代にどんな活動をしていたのか、改めて振り返ってみたいが、まずは弁護士時代の驚くべき過去について、明らかにしておこう。

実は橋下氏は、多重債務者の相談団体「大阪いちょうの会」の相談弁護士をしていたことがあるのだ。噂には聞いていたが、今年に入って「大阪いちょうの会」を取材で訪ねた際、同事務所の壁に貼られた顧問弁護士一覧の表に橋下氏の名前が出ており、名前の上に線が引かれ消されているのを見た。その時はさすがに筆者も驚いた。

経緯について、「大阪いちょうの会」の顧問弁護士でもある、先の木村弁護士がこう説明する。

「いちょうの会として、弁護士や司法書士を顧問として募集したんです。それで橋下氏も応募してきました。何年間か、多重債務者の相談に乗る弁護士活動をやっていたんですが、ある時、被害者の相手側であるシティズ（商工ローン）の代理人もしていることがわかったんです。それで、シティズの仕事が多くなったんでしょう、彼の方から『シティズの代理人をやっているから、被害者の会の代理人は辞めたい』と言ってきたんです。

以来、シティズの仕事をたくさん引き受けるようになったからか、被害者側に立つ私の事務所の弁護士と法廷で争うこともあり、対峙した弁護士は、橋下氏の法廷での仕事ぶりについて「非常に杜撰《ずさん》なやり方だ」と怒っていました。変わり身が早いというか、仕事になればどっちでもつくという彼の性格が表われていますね。

本来、被害者の会の代理人であれば、同時並行で貸金業者の代理人を引き受けることなど、絶対にありえません。普通では考えられないことをやっていたのです。橋下氏の性格、人間性を示していると思います。

政治家はともかく、弁護士というものは、やはり自分の原点、立ち位置をしっかり見極めてやるべきだと思います。だいたい被害者と貸金業者とは、敵対関係にあります。にもかかわらず、彼は道義的にも許されないことを簡単に、それも大量にやったんです」

そして木村弁護士は、知事になってからの橋下氏のサラ金業界の代理人ぶりについてこう批判する。

「知事になってからは、今度はサラ金業界の代理人のように振る舞い、その権限を最大限行使し、サラ金特区構想を打ち出した。これはさすがに国に否定され、潰れましたが、知事を辞める直前にも、改正貸金業法の弊害を立証しようと、東大教授を中心にしたメンバーにアンケート調査をやらせるなど、とにかく法律を骨抜きにすることに一生懸命でした。

我々はサラ金特区構想が発表され、驚いてすぐに抗議の声明を発表し、大阪府商工労働部貸金業対策課に抗議の

申し入れをしたんですが、応対した当時の貸金業対策グループの課長補佐と総括主任は、『特区は、貸金業者一六九社、インターネットを通じた利用者十数人の調査を前提に、大学やNHKの報道、府議会の意見をもとに企画した。検討は一〇年三月頃から始めた。

消費者からも、金融の利便性があれば利用したいとの声がある。特区のメインは〝相談〟。金融の利便性のための、つなぎの利便性のための特区』と説明していました。橋下知事が議会で披露した『弁護士の救済業務について、不当な儲けはよくない』との発言も紹介し、とにかくサラ金業界のための規制緩和一点張りでした」

橋下知事が、いかに改正貸金業法の骨抜きに執念を燃やしていたかがよくわかる、担当課の対応だった。

サラ金弁護士時代の悪評

さて、ここで橋下氏が商工ローン、シティズの顧問弁護士としてどんな弁護活動をしていたのか、その実例を紹介しよう。

以下は、被害者側代理人として、法廷でシティズの代理人である橋下弁護士と対峙した大阪弁護士会所属の井上耕史弁護士の体験談である。

井上弁護士が橋下氏と対峙したのは、〇六年と〇七年の二回。争点になったのは、いずれも「見なし弁済」。「見なし弁済」とは、八三年の「出資法」の金利引き下げにともない、「貸金業規制法」の四三条に盛り込まれたもの。貸金業者が不利益にならないようにとの政治的配慮からできた制度で、本来無効であるはずの「利息制限法」を超えた利息を一定の条件で借り手に科すことができるというものだ。それによって、高金利での貸金が当たり前になった。

しかし、多重債務が社会問題となり、最高裁も「利息制限法」を超える利息は違法という判決を下したのに、業界のなかでもなぜかシティズだけは、違法性が認められなかった。

シティズはもともと、九州・熊本に本社を置く商工ローン会社で、一部、不動産担保融資もやっていた。とにかく、貸し付けるだけ貸し付けて、借り手が倒産すれば保証人から取り立てればいいという、あこぎな悪徳商法で知られていた。

シティズは○五年に、大手サラ金のアイフルに買収されるが、橋下氏はその前からシティズの顧問をしていた。そのシティズが強硬に主張する「見なし弁済」について、最高裁は他の業者については退けるが、同社の言い分だけは認めるという、被害者側にとってはやっかいな訴訟になるのが常だった。

先の井上弁護士は法廷で二度、その「見なし弁済」の無効をめぐって争った。そのうちの一つは、三〇〇万円を借り入れた業者が倒産し、保証人が貸金を返済しなければならなくなった裁判で、一審では敗訴したが最高裁では事実上勝訴し、利息制限法を超える利息については返済しないで済んだ。もう一件も「見なし弁済」の取立て訴訟だったが、橋下弁護士は最高裁の判決が出る前に、シティズの顧問弁護士を辞めたという。

二つの法廷での橋下弁護士の訴訟指揮について、井上弁護士はこんな印象を漏らしている。

「シティズの『見なし弁済』の書面の書式は、全国一律で、橋下弁護士には、常に会社側の法務担当社員が同席し、こちらが『それはどうなってますか』と橋下氏に質問すると、いちいち法務担当社員の方を振り返り、『これはどうなってるの』と聞いていました。本人が訴訟指揮を執っているというより、会社の指示に従って弁護活動をしている、本人は代理人としてただ法廷に出ているという印象でした」

さらにシティズについては、「なりすまし連帯保証人」というブローカーが存在し、本人の知らない間に保証人にさせられ、カネを抜かれたという噂も絶えなかったという。この件については拙書『橋下「大阪維新」の嘘』(宝島SUGOI文庫)で、その実例を紹介しているので、興味のある方は参照していただきたい。

いずれにせよ貧困都市大阪が、それこそ「肝臓を売れ」と強迫するような吸血鬼以外の何モノでもない悪徳サラ金業者の巣窟=ヤミ金特区にならなかったのは、不幸中の幸いだったといえる。

第3章

知られざるアングラ人脈

橋下徹のフィクサー人脈

“食肉のドン”ハンナン浅田満被告と橋下「大阪維新の会」の“蜜月”疑惑！

BSE隔離牛肉買い上げ制度を悪用し、
補助金を不正に取得した罪で逮捕された
ハンナングループの総帥・浅田満被告。
同和団体、山口組とも通じる希代のフィクサーに
橋下市長は頭が上がらない。

乱脈同和行政を見て見ぬ振り

「彼（橋下氏）が知事に就任して一年ほど経った頃、うち（自民党）も議会で取り上げていたんで、府庁舎の廊下でバッタリ会ったとき、『あの話、どうなったんや？』と聞いたんですわ。すると〝もう触れてくれるな〟とばかりに、目の前で手を振って無言で立ち去ったんです。『ああ、これは手打ちしたんやな』と確信しましたわ。太田房江府政時代の負の遺産にメスを入れることができず、府政運営に行き詰まった彼は、自分が責任を取らされることを恐れて、結局、府政を投げ出して大阪市に逃げたんですわ」

こう振り返るのは、自民党大阪府議団の元幹部だ。ここで言う太田府政時代の負の遺産とは、〝食肉のドン〟こと「ハンナン」（大阪府羽曳野市）グループの総師・浅田満被告（二〇〇四年四月、BSE対策のための隔離牛肉買い上げに絡み、補助金適正化法違反、詐欺、証拠隠滅教唆罪で逮捕。大阪地裁は懲役七年の実刑判決を下し、大阪高裁の控訴審判決もこれを支持。最高裁は、今年四月二日、証拠隠滅教唆罪のみ無罪とし、二審判決を破棄して大阪高裁に差し戻す判決を下した）が事実上牛耳っている「南大阪食肉市場株式会社」（以下、南大阪食肉市場）への二五億三九〇〇万円の無利子貸付金問題のことだ。いわゆる乱脈同和行政の象徴の一つである。

周知のとおり、浅田被告は「新党大地」の鈴木宗男元代議士をはじめとする中央政界の大物や、農水官僚に対する金銭授受、便宜供与などを通じて国政にも影響を与えてきた、いわゆるフィクサーとして有名な人物。関西国際空港二期工事の反対決議撤回の黒幕から、故横山ノック府知事、太田房江元府知事に対する金銭供与・接待など、大阪の政治を語るうえで避けては通れない存在である。もちろん、地元羽曳野市政に対する影響力も絶大で、浅田被告の支援なくしては市長になれない。これは誰しもが認めるところだ。

そして、先の自民党大阪府議団の元幹部が府知事時代の橋下氏に問いただした「南大阪食肉市場」問題は、知事や地元市長などの首長と浅田被告との関係、距離を測るバロメーターにもなってきた。つまり府民の血税を、乱脈同和行政の一環として、事実上、浅田被告のために大盤振る舞いし続けるかどうかの試金石になっているからだ。

〝ハンナン・タブー〟に腰を引く

ではなぜ、この問題が浅田被告との距離を測る試金石になっているのか、事の経緯を簡単に振り返っておく。

そもそもは、同和対策事業の一環として一九八六年に開設された大阪府の第三セクター「松原食肉市場公社」(社長・山口公男元部落解放同盟大阪府連副委員長＝当時)が毎年赤字で、大阪府は総額一〇〇億円にものぼる補助金を投入してきた。しかし経営状態はいっこうに改善されなかった。

二〇〇〇年度決算で、累積赤字は一六億七〇〇〇万円にものぼったため、事実上の経営破綻状態に陥った。このことを発端に、同公社と羽曳野食肉市場株式会社が整備・統合されたわけだが、こうして〇二年七月に設立されたのが南大阪食肉市場である。

南大阪食肉市場の設立に際し、大阪府は総額六八億円もの財政支援を決定。旧松原食肉市場に対する債権一四億円を放棄するとともに、羽曳野市場で荷受けをしていた浅田被告側に、法律用語にもないまったくの造語である「準営業権」を譲渡する名目で、三億二〇〇〇万円ものいわゆる〝つかみガネ〟を渡した。そして、新会社の南大阪食肉市場に無利子で二五億三九〇〇万円を、またしても貸し付けたのだ。

一方、再編計画では、羽曳野食肉市場内にある「羽曳野市立と畜場」を存続させ、その運営補助金一二億円を当初は大阪府七割、羽曳野市三割の割合で負担することになっていた。しかし、大阪府議会などが反対したため、大阪府と羽曳野市が折半することになったものの、当時の福谷剛蔵・羽曳野市長が反発し、交渉が難航していた。

この問題は、新会社発足後も未解決のままとなり、当時の大阪府環境農林水産部長が〇二年九月三〇日夕刻、羽曳野市役所で福谷剛蔵市長と面談し、説得にあたった。この席には浅田被告も現われ、約三〇分間にわたって「いつまでも補助金のことを言わんと、業界全体のことを考えてやってくれ」と福谷市長を説得したという。

そして翌一〇月一日、大阪府と羽曳野市は、羽曳野市立と畜場への運営補助金の負担割合を七対三から五対五の折半に変更する確約書を交わした。浅田被告の鶴の一声で羽曳野市が方針を撤回・変更したわけだが、それほど同被告の影響力は絶大だったのである。

では羽曳野市はなぜ、一晩で二億四〇〇〇万円も負担が増える折半の条件を飲めたのか。その謎については、府議会で共産党議員が、大阪府立羽曳野病院の看護婦寮等の跡地を羽曳野市が大阪府から購入し、それを浅田被告が実質的なオーナーといわれていた地元の医療法人に転売、その差益で補填した疑いがあると指摘している(紙面の関係上これ以上は触れない)。

この無利子貸付けについて、府議会では共産党だけでなく、自民党もちゃんと返済されるかどうか疑義を呈した。冒頭の自民党府議団元幹部の話は、〇八年一月に橋下府政が誕生した後も、浅田被告側との間で貸付金問題が正常に処理されず、放置されていたことを示すエピソードの一つである。

そして昨年(一一年)一一月、大阪府議会決算特別委員会で共産党議員が、南大阪食肉市場に対する無利子貸付金について改めて取り上げ、「無利子貸付金は、年三万頭の集荷頭数を前提にしたものだが、最初からありえない数値」「現状はどうなっているか」と質問。これに対して担当部局は、「貸付金は、据置期間一〇年、一〇年間の無利子元金均等償還で、第一回目の償還期限は一三年三月末」と答えた。同時に、集荷頭数は南大阪食肉市場設立時は約二万一〇〇〇頭だったのが、一〇年度は約一万一〇〇〇頭と半減している

◆太田房江から府知事の座を継承した橋下氏は、食肉のドンとのやっかいな関係も引き継ぐことに(共同)

事実も明かした。

また、この無利子貸付にあたっては、大阪府と南大阪食肉市場との間で、金銭消費貸借抵当権設定契約という約定書を交わしていた。そこには債権保全のために、増し（追加）担保や保証人の差し入れ条項が入っているのだが、これについて先の共産党議員が「相手方である南大阪食肉市場に請求したことがあるか」と問いただしている。

これに対して担当部局は、「請求したことはない」と、回収を放置していた事実を認めた。さらにこんなやり取りが続いた。

共産党議員「前の知事（橋下氏）は、債権取り立てのプロと認識している。どうやって債権を保全していくかの議論を過去、府戦略会議（大阪府の最高決定機関）でやったか」

担当部局「戦略会議、そういう首脳会議で増し（追加）担保の話は出たことはない」

橋下氏は、もともと商工ローン会社の顧問弁護士を務めていたことがある。大阪府知事就任後、民間金融機関OBまで動員して大阪府育英会の奨学金取立てチームを結成、債権回収に血眼になった府知事時代の橋下氏だが、浅田被告絡みの二五億三九〇〇万円もの巨額の債権保全にはいっさい手をつけられなかったことが、改めて明らかになったのだ。

橋下府政でも温存された同和利権

なぜ浅田被告が絡む案件になると、あれだけ大口を叩く橋下氏も口をつぐんでしまうのか。さまざまな噂が飛び交っているが、浅田被告を総師とするハンナングループと親しい、在阪の建設業界関係者が背景をこう指摘する。

「当時の橋下さんと浅田さんの橋渡し役をしていた人物がいるんです。ほかならぬ橋下現大阪市長の盟友で、大阪維新の会の幹事長でもある松井一郎現府知事（当時、府議）ですわ。松井府知事の実父である松井良夫元府議会議長は、府議時代から浅田さんの実弟で元ヤクザの浅田照次さんとは昵懇の間柄で、二人で大阪府の入札事業を差配していました。父親の後を継いで府議になった松井府知事は、その父親からハンナン人脈を引き継いだんですわ」

松井府知事は府議時代に、自身の後援会有力業者が府営公園の指定管理者に選ばれなかったという理由で、府議会委員会で公然と入札事業に介入する発言を行なった〝実績〟がある。松井氏の質問を受け、当時の橋下府知事は、入札参加資格条件を緩和し、その結果、部落解放同盟系業者が事業を落札するという事態が起こっている。

◆橋下氏に浅田被告をつないだと言われる松井現府知事（共同）

もちろん、橋下氏の後を受けて府知事になった松井氏が、南大阪食肉市場に対する無利子貸付金の債権保全のために動いたという話も伝わってこない。

こうした〝ハンナン・タブー〟は、南大阪食肉市場問題だけではない。

部落解放同盟の資金獲得コンツェルンの一つ、旧大阪府同和金融公社（現財団法人大阪府地域支援人権金融公社）の問題もその一つだ。ハンナングループの多角経営事業の一環として、〇三年一月、オープンさせた特別養護老人ホーム「スマイル」（初代理事長・浅田満被告）は、その土地取得資金として、浅田被告が社長を務めていた「南大阪食肉畜産荷受株式会社」「阪南食肉購買事業協同組合」「大阪府同和食肉事業協同組合連合会」を債務者に、低利で同金融公社（理事長・山口公男元部落解放同盟大阪府連副委員長＝当時）から六億六〇〇〇万円の融資を受けていた。

そもそも福祉事業への融資は、「同和産業の育成が目的」の旧同和金融公社の趣旨に反するものだ。なぜこんなデタラメがまかり通るのか。

あらためて、同公社の沿革を振り返り検証したい。
六九年に施行された同和対策事業特別措置法、いわゆる同特法に基づき、旧同和金融公社はその年、「同和産業の振興を図る目的」で、大阪市と大阪府の共同出資によって設立された。以来、八五年度までに、無利子で総額約七〇億四五〇〇万円が貸し付けられた。当初の金銭消費賃借契約では、全額返済までの期日や返済金額も定めていなかった。

しかし、催告したら一カ月以内に返済しなければならないとの契約条項は入っていた。それでも実行されず、それこそ催促なしの踏み倒し自由のデタラメな融資制度だった。

返済が始まったのは、事業が始まってから二二年後の九一年からで、一一年三月末現在、そのうちの約三六億七六〇〇万円が返済されたが、残りの約三三億六九〇〇万円の返済期限は、なんと二五年後の二〇三六年と悠長なものだ。しかも、〇二年三月末に同和対策特別措置法が失効したにもかかわらず、相変わらず「同和」特別扱いの無利子は継続されてきたのだ。

同公社に投入された七〇億円あまりの融資のうち、二三億円が外債の購入に当てられ、四〇〇〇万円の損失を出すなど「マネーゲーム」に使われただけでなく、大阪府住宅供給公社に年利一～二％程度で二五億円を貸し付けるなど、同和対策事業という本来の目的を逸脱した財テク公社に変質。

〇六年には、四〇〇〇万円の利子収入のうち、大阪府に二一〇〇万円、大阪市に九〇〇万円の合計三〇〇〇万円を毎年返済する契約を結んだが、完済までに二一六年かかる「二〇〇年ローン」問題として議会で追及された。

このことで世論の批判を浴びたため、大阪府は住宅供給公社への貸付金問題に手を付けざるをえなくなり、返済計画を立て、順次返済させてきた。一二年度中に約一〇億四六〇〇万円の返済予定で、ようやく完済する見通しが立った。

残額の約二三億二三〇〇万円については、その後、毎年八九一〇万円ずつ返済を受ける「準消費貸借契約」を昨年三月、同公社との間で締結したものの、利息なしで、しかも二五年後が完済期限という途方もない条件である。

〇八年三月末現在、貸付け残高のうち、破綻先、実質破綻先、破綻懸念先、さらに要注意先を含めると約三六・四％、約二六億七〇〇〇万円が回収不能となる恐れが指摘されたが、これを見ると、「契約」どおりに回収できるかどうかは、はなはだ疑わしい。

こうした乱脈同和行政の一つである旧同金公社について、橋下氏は府知事在任中、「同和産業の振興」とは無縁の「NPO法人への貸付け」を提案。実際、旧同和金融公社の定款が変更され、NPO法人や社会福祉法人、一般の中小企業、奨学金などに無利子で融資できることにした。

◆出廷する浅田満被告（共同）

あれだけ借金にうるさく、財政再建のためと称して、福祉施策や職員給与をバッサリ削ってきた橋下氏が、大阪府と大阪市が出資する旧同和金融公社にだけ無利子の融資を認めるというのは、なんとも不可解である。

この定款変更も、先に触れたように、ハンナングループの社会福祉法人が同グループ会社を債務者にして旧同和金融公社から目的外の巨額融資を受けていたことと、無縁ではないと見るのが自然だろう。

というのも、「橋下市長は、浅田さんには頭が上がらない関係にある」（在阪の政界関係者）と公然と言われているからだ。たしかに、大阪市長になった橋下氏は、別項でも触れているように、三年間で四八八億円もの市民サービス削減案を発表しながら、大阪市も出資者である無利子融資の旧同和金融公社には、指ひとつ触れていないのだ。歴代の知事や首長がそうであったように、〝ハンナン・タブー〟は生き続けているのである。

「維新の会には世話になった人が多い」

実はその〝ハンナン・タブー〟に、橋下市長が直面せざるをえないある問題が、真近に迫っている。

それは、今年七月一日に投開票される羽曳野市長選挙だ。三期目を目指す北川嗣雄市長に対して、共産党の他にも大阪維新の会が対抗馬を立てる話が出ているのだ。八年前、ハンナングループの全面的な支援を得て、元共産党市議の候補にわずか四七七票差で市長になった北川氏は、二期目の四年前もハンナングループの支援を得て再選された。ところが今回、そのハンナングループからの支援を得られるのかどうか、不透明だというのである。

地元の保守系市議がこう説明する。

「大阪維新の会の有力メンバーが、一時期、羽曳野市の自民党市議を離党させ、維新の会から出馬させる動きを見せていましたが、潰れました。そしていままた、茨木市長選で推薦候補が当選したということで、勢いづいて大阪維新の会・羽曳野支部が候補者を立てることになりました。この候補者ののぼりが、浅田系の病院の敷地に立っているので、ハンナンの浅田さんは維新の会候補者を応援しているのではないかとの話が出ています。それで、共産党以外のオール与党が推薦する北川現市長は、相当焦っているということですわ。

もっとも、羽曳野市長選で維新の会が候補者を立てる

◆食肉のドンの巨大な別邸（共同）

となると、浅田さんの了承なしには無理。維新の会の有力者や取り巻きには、浅田さんの世話になった人が多い。羽曳野市長は浅田さんのさじ加減ひとつで決まる仕組みは、これまでと変わりません」

かつて、浅田被告の「番頭」と陰口をたたかれるほど密接な関係にあった福谷剛蔵元羽曳野市長は、いまから八年前の〇四年六月、市長職辞任に追い込まれた。浅田被告の偽装牛肉は、福谷元市長が管理者となっていた「柏羽藤クリーンセンター」でも焼却されたが、それに関連して、浅田被告との面談記録を改ざんした疑いが持たれた。そして、大阪府警捜査二課が、当時急遽入院した福谷市長から事情聴取したのがきっかけとなったのだ。

その福谷元市長が初当選したのは、八九年四月のこと。五選目を目指した共産党市長・故津田一朗氏を破ったことで、選出されている。初当選時から、ハンナングループによって金銭も含む全面的支援を受けてきたのだ。

地元政界に影響力を持ち続ける浅田被告に対して、橋下氏がきっぱりした態度をとれるかどうか。それとも歴代の首長と同様に言い成りになった挙げ句、奈落の底に落ちていくのか。

七月の羽曳野市長選は、その目安ともなるもので目が離せない。

橋下徹の保守人脈

親学&君が代斉唱の強制……

橋下市長の過激な右翼行政を支えるのは「日本教育再生機構」「日本会議」「在特会」

親学の提唱者・高橋史朗、旧歴史教科書をつくる会系の日本教育再生機構、最大の保守勢力・日本会議、ネット右翼・在特会……過激な右翼行政に影響を与える右巻き人脈の実態。

非科学的な〝発達障害条例案〟

「親の愛情不足が発達障害の要因」

大阪市議会に、こんな非科学的な見解をもとにした「家庭教育支援条例案」が提出されようとしている——そんな事実が判明したのは、今年五月一日のことである。

この条例案を作成したのは、橋下市長が代表を務める「大阪維新の会」の大阪市会議員団（坂井良和団長、以下市議団）。条例案は、「発達障害」について、「乳幼児期の愛情形成の不足」が要因と指摘し、ひきこもりや不登校、虐待、非行などと関連づけたうえ、「わが国の伝統的子育て」で、予防・防止できると主張。予防・防止策として、「保護者の一日保育士体験、幼稚園教諭体験の義務化」や、家族の愛情形成の重要性、父性的・母性的関わりの重要性、結婚・子育ての意義などを学ぶ「家庭用道徳副読本」の導入を盛り込むなど、家庭教育にまで政治を介入させようというものだった。

この条例案は、五月市議会に提出する予定で「大阪維新の会」の市議団が発表したものだが、その内容がテレビや新聞などで報道されるや否や、ネット上で批判が巻き起こった。

そして、発達障害の子どもを抱える大阪府内一三団体の保護者たちが「家庭教育支援条例案を考えるネットワーク」を結成すると、五月連休明けの七日、条例案の市議会への提出を中止するよう、市議団に要望書を提出した。「発達障害は、先天的脳機能障害。条例案の記述は、学術的根拠がなく、発達障害について偏見を増幅する」という至極当然の理由からだ。

これに対して、条例提案者である「大阪維新の会」代表の橋下市長は、騒ぎが大きくなったことを受けて、「『発達障害は親の責任』というのは、自分の考えとは違う」「子育ての方法を条例でルール化するのはどうなのか」と弁明し、「僕の考えを市議団団長に伝えた」と述べ、広がる抗議の輪の火消しに躍起となった。

こうしたことから市議団は、条例案の五月市議会への提出を断念している。

それにしても、「発達障害は親の愛情不足が原因」で、「伝統的子育て」で予防・防止できるなどと、それこそ時代が何十年も前に戻ったような「家庭教育支援条例案」は、どこから生まれたのか。

安倍晋三元首相のリベンジか?

関係者によると、この五月市議会で市議会議長に選出された維新の会大阪市議団の辻淳子市議が、五月一日に開かれた同市議団総会で案を提出したのが始まりだという。辻議員は四月下旬、「親学」を提唱する高橋史朗・明星大学教授から資料として文案の提供を受けたこと認めている。

高橋氏は、「児童の発達障害は、親の愛情の注ぎ方に原因がある」とする「親学」の提唱者で、侵略戦争を美化する教育の中心的推進者の一人。「自分以外の何かに責任を転嫁せず、まずは親自身が自覚することが基本」「増やすべきは保育所ではなく『親学』を学ぶ場」と、その考えを広めるための組織「親学推進協会」の理事長を務めている。

この協会の顧問には、日本を代表する右派ジャーナリスト・櫻井よしこ氏、評議員には政府の諮問機関である「道州制ビジョン懇談会」座長を務めたＰＨＰ総合研究所代表取締役前社長で「みんなの党」議員・江口克彦氏が就任している。「親学推進協会」は、日本の伝統的な保守勢力とより先鋭的な右派勢力によって構成されていることがわかる。

また高橋氏は、ゆとり教育による基礎学力低下を唱え、〇四年、上田清司埼玉県知事に招聘され、埼玉県教育委員会委員に任命された。この任命には、同氏が日本のアジアへの侵略戦争を肯定する「新しい歴史教科書をつくる会」の副会長を歴任し、扶桑社版教科書監修者でもあったことから、歴史学者などから反対運動が起こった。

しかし〇七年には、埼玉県教育委員長に選出され、この年、当時の安倍晋三首相が主導した教育再生会議で、子育て論を指南する意見陳述をしたこともある。

今年四月一〇日には、先の「発達障害の原因は親の愛情不足」として「親学」の考え方を支持する超党派の議員の集まり「親学推進議員連盟」が発足。安倍元首相が会長に就任した。顧問には鳩山由紀夫元首相が就くなど、メンバーには共産、社民を除く、自民、民主、公明、みんなの党など主要政党の大物議員などが名前をつらねている。

設立総会には、国会議員四九名、代理三二名が参加し、日本の右派イデオローグの一人である「親学推進協会」会長の木村治美共立女子大学名誉教授、さらに高橋理事長が提言を行なった。議員連盟は、「親学」を推進する家庭教育支援法の年内制定、政府への推進本部設置や地方自治体での条例制定、国民運動などを活動方針として掲げたが、大阪市での条例制定は、その突破口だったと見られる。

その「親学」の提唱者である高橋氏は、もう一つの顔を持っている。それは、「日本教育再生機構」理事という肩書である。「日本教育再生機構」は、高橋氏が副会長を務めた「新しい教科書をつくる会」が二つに分裂、その本流を占める団体である。その「日本教育再生機構」のメンバーでつくった出版社「育鵬社」が発行する二〇一二年度使用教科書『新しい公民』では、当時の橋下府知事が大阪府の財政を短期間で立て直したと写真入りで大きく紹介、その「実績」を高く評価している。

「財政再建」の内実は、拙著『橋下「大阪維新」の嘘』(宝島SUGOI文庫)を参照していただくとして、この「日本教育再生機構」は、昨年来、橋下氏率いる「大阪維新の会」が議会に提案し、「政治の教育への介入」として大問題になった「教育基本条例」の制定にも、実は深く関わっているのだ。

◆親学の提唱者、高橋史朗教授。旧歴史教科書をつくる会系の「日本教育再生機構」の理事でもある(共同)

世界的にも異常な国家斉唱の強制

「親学推進議員連盟」が発足する直前の今年二月二六日、「日本教育再生機構」が主催する「教育再生民間タウンミーティング」が、大阪市内で開かれた。テーマはずばり、「大阪教育基本条例の問題提起とは!」だ。

このタウンミーティングには、「戦後レジュームからの脱却」を掲げて、教育基本法の改悪や改憲手続き法を押し通し、国民の批判を浴びて辞職に追い込まれた安倍元首相と松井一郎府知事が出席した。

そして同機構大阪支部の遠藤敬代表が、主催者を代表して開会の挨拶をしている。「戦後レジュームの脱却。まさに、今、戦後教育を脱却しなければ、する時はない。そんな時代背景のなかで、今回の教育基本条例が発議されている」と言って、橋下市長が率いる大阪維新の会の府・市議団が提案した「教育基本条例」を、時期を得たものと評価した。同機構理事長の八木秀次高崎経済大学教授、松井府知事、安倍元首相がパネルディスカッションにパネラーとして参加した。

この場で松井府知事は、「教育の現場に民意が反映されていなかった。民意がしっかり届くということで政治の役割として条例を制定しようとした」と、教育基本条例の目的が教育への政治介入にあることをあけすけに披露。これに八木氏が、「選ばれた首長の民意がなかなか教育行政に反映されない仕組みがある。こういう現実に風穴を開けたということでよろしいか」と念を押すと、松井府知事が「そうですね」と肯定するなど、条例が教育への政治介入に道を開いたものという認識を一致させた。

一方、安倍元首相も、首相時代に行なった分限免職を含めた人事の厳格化など、教育基本法の改正が、民主党政権の誕生でなかなか進まなかったが、「松井知事をはじめ維新の会のみなさんが出された条例は、方向として、私たちのいった方向とまったく合致している。この教育の条例は、閉塞状況にあった教育の現場に風穴を開ける大きな意味があると思っている」と、これまた条例を手放しで評価していた。

この安倍元首相の発言を受け、八木氏が「大阪の教育条例は、安倍内閣の教育再生の志を継承したものと理解をされていると」と、再度ただしたのに対して、安倍元首相は、「そうです。たとえば、入学式と卒業式で君が代斉唱、そして日の丸掲揚に三回従わずに、着席したまいる人について、分限処分の対象になるということも条例に入れていこうということで。（中略）それを三年連続台なしにするんだったら、私は辞めてもらうのは、当然だと思いますよ。だから、私は最高裁の判決には首を傾げざるをえないなと思っています」と、自ら進めた教育の右傾化が、大阪で橋下市長率いる「大阪維新の会」の手で具体化されていることを重ねて評価した。

大阪では、その具体化として、橋下市長の友人で民間登用された大阪府立和泉高校の校長が卒業式でひと悶着を起こした。教員の君が代斉唱を確認するため、口元をチェックしていたからだ。「やりすぎだ」と批判の声が上がったものの、実は表沙汰にはなっていないが、他にも教員の口元をビデオで撮影していた大阪市立学校もあった。

橋下市長は府民の批判に、「君が代斉唱は決められたルール、チェックは当然」と言い放ったが、国歌斉唱を法的には強制しないのが、世界的な趨勢である。たとえば、アメリカの公立学校では国旗宣誓があるが、「宣誓したくない生徒や教師は宣誓しなくてよい。宣誓しない生徒や職員を罰してはならない」旨を州法で定めているほどなのである。

最大の保守勢力「日本会議」との蜜月

実はこの三月の卒業式の後、大阪市内の中学校が、君が代斉唱時に不起立教員が出たことを詫びる保護者説明会を開き、不起立教員に対し、説明会の場で謝罪させるという事態が起こっていた。そして、その翌日には、卒業生にまで制服着用で学校に来るよう指示を出し、説明会を開いたのだ。学校内部の問題を、保護者や生徒たちまで巻き込んで、「極めて不適切な行為」と断定。それこそ「糾弾会」に等しい、政治による教育現場の不当な支配が進行しているのだ。

「教育基本条例案」と「職員基本条例案」を浅田府議会議長に手渡す維新の会・松井一郎幹事長（共同）

この問題を取り上げた共産党の井上浩議員の追及に、橋下市長は、「起立斉唱は思想の強制ではない。あくまで式典のルール。起立が価値観の強制というなら、立たないことも価値観の押し付け」と問題をすり替え、そして声を荒げながら、「立って歌わなくていいという保護者はこの説明会に来なくていい。ルール違反したら謝るのは当たり前」と開き直った。

この答弁に井上議員は、「思想・信条の自由に関わる問題だから取り上げている。立たなければいけないという価値観を前提とした糾弾会だ。こんなやり方が教育になじむのか」「条例の矛先が一般市民にも向けられている。選挙活動を口実にした職員の思想調査と同じだ。謝るべきは、脅しと見せしめで教育に不当介入している市長ではないか」と、批判した。

教育行政基本条例と職員基本条例は、大阪府議会でこの三月に成立し、四月から施行されている。大阪市議会の五月市議会でも、教育行政基本条例は維新の会、公明党の賛成で、職員基本条例は維新の会、公明党、自民党の賛成で成立した。

こうした強権的な条例が施行されたからか、来年度一三年度の大阪府の公立学校教員採用選考の志願者は、一二年度の一万三一六二人から一割減（一三五五人）の一万一八〇七人になった。

ところで、なぜ橋下市長と「大阪維新の会」は、教育基本条例と職員基本条例にこだわったのか。それは大阪維新の会が、次期衆院選の公約として掲げた、いわゆる「船中八策」の眼目である憲法改正への第一歩となるからである。先ほど「日本教育再生機構」の項でも紹介したように、「戦後レジュームからの脱却」が目的なのだ。

このことは、昨年一一年八月、大阪維新の会を代表して記者会見を開いた坂井良和大阪市議団団長が、両条例の狙いを「戦後レジュームからの脱却を国でしようとしたが、何も変わらなかった。大阪から変えていきたい」と語っていたことと同じだ。つまり、「革命児」とも「風雲児」とも称され、絶大な人気を誇る橋下市長と大阪維新の会が支配する大阪を突破口に、全国に改憲の輪を広げようというわけである。

君が代起立斉唱条例は、大阪維新の会が府議選挙で過半数を超す議席を得た後の昨年、五月府議会で成立している。その際、提出者の一四人のうち六人が靖国派と呼ばれる憲法九条の改憲を唱える「日本会議地方議員連盟」のメンバーだった。同連盟の設立趣旨は、「地方議会から日本の国柄（戦前・戦後に使われた「国体」の言い換え）に基づいた新憲法、新教育基本法の制定へ向け設立する」となっている。

松井知事や坂井市議団長は、その中心メンバーである。その日本会議大阪事務局が発行する機関誌『日本の息吹』（大阪版、平成二三年一一月号）によると、「知事本人が参拝するのは実に四〇年以上ぶり」と、大阪護国神社の秋季例大祭（一〇月二〇日）に橋下知事（当時）が正式参拝した記事を掲載。つい最近の平成二四年六月号でも、東京都の石原知事が尖閣諸島購入発言をしたこと

に関連して、大阪維新の会が府・市の五月議会に石原発言支持決議案の提案を検討していることを紹介している。

さらに、今年五月二九日付の同会議のメールマガジン「日本会議　国民運動関連情報」では、大阪維新の会と公明党が次期衆院選挙をにらみ、連携を強化しているとの情報を新聞情報などを基に詳しく紹介するなど、橋下市長と大阪維新の会の動向をきめ細かくフォローしているのだ。

橋下市長自身、この五月中旬、「新しい歴史教科書をつくる会」系の育鵬社や自由社のメンバーを加えて、日本の近現代を学ぶ施設を設置する方針を明らかにしている。その理由について、「学校の現場は育鵬社の教科書を全然採択しない。教育の現場の価値観でそうなっている」「育鵬社の教科書とかの考え方も、しっかり子どもたちに出さないといけない」と述べている。

この日本最大の保守勢力「日本会議」もさることながら、先の「日本教育再生機構」といい、改憲を目論んで挫折した安倍元首相といい、日本の改憲勢力による橋下市長と大阪維新の会の利用価値は高まる一方なのだ。

維新の会とネット右翼「在特会」の〝絆〟

こうしたなか、改憲勢力と大阪維新の会との醜悪な関係も露呈している。

それは「在日韓国・朝鮮人が握る特権（在日特権）は、大きすぎる。日本からなくす」ことを目的に、〇七年一月に設立された「在日特権を許さない市民の会」（桜井誠会長）、いわゆる「在特会」との癒着だ。いわゆるネット右翼から生まれた在特会の桜井会長が、会発足前に、タレント弁護士時代の橋下氏と名古屋市内の料理屋で会ったことがあるという話を別の項で紹介しているが、大阪維新の会の議員が、実は在特会幹部と親しい事実がネット動画で確認できるのだ。

周知のように、在特会をめぐっては、京都朝鮮学校襲撃事件や徳島県教組襲撃事件、そしてこの五月一〇日、大手製薬会社・ロート製薬がＣＭに韓国人女優を起用しているとして、同社に押しかけ、会の幹部が強要容疑で逮捕されるなど、相次いで事件を起こしている。

そして、先の二つの事件で逮捕され有罪判決を受け、執行猶予中にロート製薬事件を起こした幹部らと大阪維新の会の府議、大阪市議が親しい関係にあるというのだ。

実際、ネット動画を見ると、逮捕された在特会幹部が経営していたラウンジで、吹田市会議員選挙でトップ当選した「吹田維新の会」議員の祝勝会が開かれ、「大阪維新の会」大阪市会議員団の東貴之幹事長（当時）が、そこでお祝いの挨拶をしている姿が確認できるのだ。そこには、先の二つの事件と今回のロート製薬事件で逮捕された別の幹部も同席していた。

北新地にある件のラウンジは、この三月に無許可営業で摘発され、経営者である在特会幹部は、踏み込んだ捜査員に向かって包丁を振り回したとして、公務執行妨害でも逮捕されている。

この元ラウンジ経営者の在特会幹部を知る元幹部がこう言う。

「摘発されたラウンジは、在特会の中でも過激派で知られていたチーム関西のメンバーの溜まり場でした。デモの帰りなどに、その店で飲み会をやってました。維新の会の議員も出入りしてましたね。元ラウンジ経営者はチーム関西元代表で、同じく逮捕された元京都支部長らとともに通称〝チーム関西の四天王〟と呼ばれていました。主な在特会幹部は日本会議に加入していて、二つの団体のメンバーは重なっています。筆頭副会長は、工学博士で「原発の火を消させない国民会議」書記長の肩書きを持っています。原発問題でも、日本会議と同じスタンスです。

また、毎日放送の女性記者が君が代斉唱問題で橋下市長に質問したことで市長が逆ギレし、そのやりとりがＹｏｕＴｕｂｅにアップされました。その画像が二〇〇万回近く再生されたという報道もありましたが、在特会などネット右翼の〝サクラ〟が、その陰にいることは間違いありません」

旧来の改憲勢力、そしてソーシャルネットワークを駆使するネット右翼の影……。そういえば橋下市長も、メールとツイッターがいわば最強の武器だ。橋下人気の秘密を解く鍵は、案外、デマゴーグの巣窟でもあるソーシャールネットワークの世界にあるのかもしれない。

橋下徹の同和人脈

部落差別をむし返す 橋下「同和特区構想」に、部落解放同盟はなぜ抗議をしないのか？

橋下市長が提案する旧同和教育推進校の「スーパーエリート校構想」。土地差別につながりかねないこの構想、いまだに糾弾活動を続ける部落解放同盟からは文句のひとつも出ていない。新しい利権の芽があるからか？

市民に厳しく 同和に甘い市長

「路地裏の裏まで知っている。せっかく市長になれたんだから、それぐらいやらせてもらいたい」

橋下市長が記者団に、こう言って「えこひいき予算」を披露したのは、市長就任から一カ月が経過した、二〇一二年一月一三日のことだった。

えこひいき予算とは、自身の出身校である東淀川区の市立啓発小学校、同中島中学校と、東住吉区の市立矢田小学校、矢田南中学校を市立小中一貫校にして、「私立と同等かそれ以上の教育が受けられるスーパー学校にしたい」と公言し、そのため一二年度当初予算として啓発小と中島中の一貫校化工事設計費として約六〇〇〇万円を計上、矢田小と矢田南中の一貫校化予算はこの七月の補正予算に計上する方針だ。

橋下市長が〝えこひいき〟する公立学校は、いずれも旧同和教育推進校である（詳細は後述）。橋下市長は、日頃から「既得権益」の打破を叫び、その代表として公務員を槍玉に挙げて口汚くバッシングしてきた。それによって喝采を浴びてきたわけだが、その当人が「既得権益」を振りかざしてやまないのだから、なんとも身勝手な言い分だが、橋下市長の「既得権益者」ぶりは、何もいまに始まったことではない。

　大阪府知事時代には、公用車でのジム通いを「公私混同」と指摘されると、「護衛用公用車」と名称と規則を変え、二四時間自由に使えるようにしたし、サッカー日本代表選手として活躍した遠藤保仁選手（ガンバ大阪）に「感動大賞」を贈呈した際、知事室で自分の子ども三人を遠藤選手と引き合わせ、一緒に記念写真に収まったり、サインをしてもらったりもした。

　記者団から、「公私混同では」と指摘されると、「知事になると、子どもを自由に連れていけない。これぐらい府民に理解してもらえる」「知事ファミリーとして祝福するのは当然」と開き直った。「他の子どもたちと比べて不公平では」と指摘されると、「その子どものお父さんに知事になってもらえばいい」と、旧態依然とした従来の保守政治家顔負けの「既得権益」を振りかざして正当化した。

　橋下氏の発想は一貫しており、わかりやすく言えば、政治家には「えこひいきが許される」というものになる。

　事実、大阪市長になってからも早速、「私設秘書一人を雇うには、カネがかかる」との手前勝手な理由で、自身の後援会長の息子である知事時代からの私設秘書を特別公務員である「特別秘書」に登用し、公金で「私設秘書」を賄うことを平然とやった。これが「大阪市民は贅沢」「財政は厳しい」と公言し、かつてない大規模な福祉予算削減を打ち出した橋下氏の正体なのだ。

◆橋下市長の出身校、大阪市立啓発小学校

◆同、大阪市立中島中学校

橋下市長も部落解放同盟を優遇

ところで、今回のえこひいき予算で、橋下市長がスーパーエリート校にすると言っている二校は、いずれも旧同和教育推進校である。

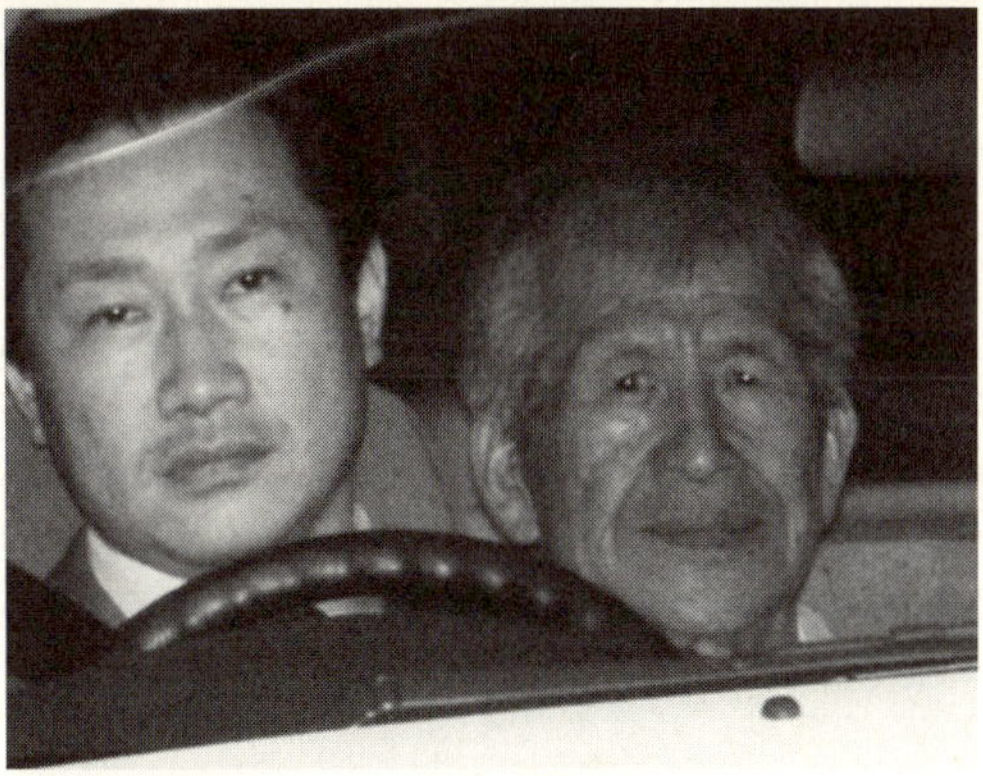

◆部落解放同盟の故小西邦彦飛鳥支部支部長（右）

同校に通学する生徒には、これまでも「就学奨励金」など、一般校にはないさまざまな優遇措置がとられてきた。〇二年、国の法律である同和対策特別措置法（同特法）が失効したことで、こうした個人給付は打ち切られたが、大阪市は同地域の子どもたちに対して、陰に陽に特別待遇を与えてきた。しかし、橋下市長が知事時代に公然とその「実績」を評価した小西邦彦・部落解放同盟飛鳥支部支部長（故人）が逮捕されるなど、長年の乱脈同和行政が生んだ一連の不祥事で世論の批判が高まり、大阪市も同和対策事業のさらなる規模縮小を迫られた。かつて、解放会館と呼ばれていた部落解放同盟の拠点、飛鳥人権文化センターや青少年会館が閉鎖されたのも、その一環である。

予算書に市民局分として記載されている大阪市の旧同和対策事業予算（現在は人権対策事業予算と呼ばれている）は、平松邦夫前市政時代の一一年度当初の予算と比べ、橋下市政になってからの今年度一二年度当初は、約一二億九八〇〇万円から、約一一億五九〇〇万円と微減している。しかし、部落解放同盟大阪府連が支配する大阪市人権協会への人権相談事業委託費には、依然として約七三〇〇万円もの予算がついている。人権相談事業という名目だが、実態は人件費であり、解放同盟への優遇措置が存続しているのである。

この四月、筆者は、橋下市長がスーパーエリート校にするという啓発小学校、中島中学校を抱える旧飛鳥地区を取材したが、直前の三月末で旧飛鳥人権文化センターは閉鎖されたばかりで、同センターの入口にはロープが張られ、中には入れないようになっていた。隣接する旧部落解放同盟飛鳥支部が入っていたビルから支部の名前は消えていた。「財団法人飛鳥会」「社会福祉法人ともしび福祉会」の名前があるものの、表からではなく裏口から入ってください との表示があり、「なんで裏口からなの？」と驚いたものだ。

啓発小学校、中島中学校で橋下市長と同級生だったという地元住民の一人に、飛鳥地区の変容ぶりについて聞くと、こんな答えが返ってきた。

「小西支部長がいた時はいろいろあったが、いまは静かなもんです。公営住宅には、府営と同和向けということで建設された市営住宅がありますが、旧同和地区住民とされた人は、市営住宅に入っていました。いまはそれも、大半が地区外に出て行き、残っているのは少数ですわ。代わりに阪神大震災の被災者が大量に入居するなど、他からの入居者の方が圧倒的に多く、地域はすっかり変わりましたよ」

変わらない光景といえば、故小西支部長時代、同特法の失効にともなう同和予算削減を見込んで、同支部長が福祉ビジネスに進出し、次々に建てた特別養護老人ホームなどの福祉施設が存在していることだ。こうした施設には、いまでも多額の公金が補助金として流れ込んでいる。

部落差別をむし返してきた橋下市長

橋下市長の同級生に、市長が母校を小中一貫校にすると言っていることについて聞くと、首を傾げながらこう答えた。

「スーパーエリート校？　そんなもん、いらんのとちがいますか？」

また数年前、職場を定年退職したという、やはり啓発小、中島中卒の地元住民もこう言う。

「ワシの子ども二人も地区外に出て結婚し、生活している。残っているのは、ワシら夫婦だけや。スーパーエリート校？　地域の人口が減り、子どもも少なくなっているのに、なんでわざわざ特別扱いするんや。それを言うたら、市長が大好きな特区、しかも『同和特区』ということになる。橋下市長は、ここが旧同和地区であるということを大々的に宣伝するつもりなんか。『同和特区』にするというんなら、ワシらも反対の行動を起こすしかない」

府知事時代、橋下氏は議場で、「私は、いわゆる同和地区というところで育ちましたが、現在、同和問題は、まったく解決されていないと確信しております」と公言した。

そして、一〇年四月に行なわれた部落解放同盟大阪府連との政策懇談会で、府連が求めたいわゆる「土地差別条例」の制定に対する協力を約束。府として、不動産業者などの関連業界を対象に、かつて「同和地区」の所在地の有無について調査したことがあるかどうかを調べた。

その結果、リサーチ会社一三〇社のうち五社、広告会社一七〇社のうち六～七社に調査した経緯が見つかったが、ごく一部に限られた話である。それなのに大阪府は、一〇年一二月、すでに制定されているいわゆる「興信所条例」(大阪府部落差別事象に係る調査等の規制等に関する条例)の「一部改正」で対応するとわざわざ発表。一一年三月、府議会に改正案を提案し、賛成多数で可決され、同年一〇月から施行された。

部落解放同盟が制定を求めた「土地差別条例」には裏話がある。同特法失効にともなって利権獲得のツールを失った解放同盟は、その代わりに「部落解放基本法」などの法律を制定させようと、国などに働きかけてきた。法律によって、「同和差別はいまだに存在する」という根拠を示してもらわないと、組織自体の存在意義が問われてしまうからだ。

しかし、その実現が無理になったことで、新たに持ち出したのが「土地差別条例」だったのである。

これに対して府知事時代の橋下氏は、「興信所条例」の改正で解放同盟の要請に応えたのだが、同特法の失効で「同和地区」の用語は法律的根拠を失ったにもかかわらず、改定条例では「同和地区」と表記。現在も「同和地区」という指定された地域が厳然と存在するかのように規定することになった。これでは「旧同和地区」に対する忌避意識をむし返し、同和問題の解決にとっては障害にしかならない。

明らかに矛盾した条例改正だった。ちなみに「興信所条例」の改正案では、対象となる業種は特定されず、土地取引という経済活動に関わる業種——不動産業者、弁護士、司法書士、銀行、土地家屋調査士——など、多くの業種が対象になっていた。しかし橋下府知事は、そうした団体をはじめとした府民の合意を得る努力をまったくしないまま、条例の改正案を提案した。

この改正案について、「民主主義と人権を守る府民連合」(谷口正暁委員長)は、「市民、事業者の多くの経済活動のなかで、やらせ、密告など、経済活動上の競争に悪用するなどの弊害を生み出しかねないもの。仮に『差別事象』が起きたとしても、話し合いで解決すべき問題であり、府民の自由な意見交換と良識によって解消されるべきものです。『地区指定』がなくなり、地区内外の融合・交流が進み、府民の同和問題に対する意識は、着実に解消しています。

いま同和問題解決に求められているのは、人権行政の名のもとに進められている『同和行政』をただちに廃止すること、『興信所条例』をはじめ、『同和』に関わる基本方針などをすべて廃止することです。『地区児童生徒の学力が低い』と、〇六年、学力調査の結果を発表した大阪府教育委員会や大阪府などが地域のマイナスイメージを流布してきたことが、同和問題解決を遅らせている大きな要因です。こうしたことこそただちに廃止すべきです」と、「条例」の一部改正に反対する見解を発表した。

　しかし、橋下府知事は府議会で、共産党議員の「いったん改定案を取り下げ、府民合意を得るよう」求めた質問に、「法律的形式論ではなく、大阪にはまだ差別があるのは厳然たる事実」「質問の意味がわからない」などと答弁し、改定案の取り下げを拒否した。

解放同盟と橋下市長の対立はプロレスか？

この条例改正を契機に、施行直前の一一年九月三〇日、不動産、広告、調査の三業界が、「大阪不動産マーケティング協議会」（約五〇社。代表幹事・阪急不動産）を設立。同協会は、この条例改正にはない「自主規制」のガイドラインを定め、「同和地区があるかないか、同和地区を含む学区であるかないかについて、調査依頼をしない、調査をしない、調査報告をしない、調査報告書を受け取ることもしない」ことなどを遵守事項として挙げている。

　結果として、部落解放同盟大阪府連は、橋下知事（当時）の協力のもと、念願の新たな利権漁りの手段を手にしたことになるが、同府連の北口末広委員長は、「改正条例を宅建業法の改正につなげ」（『解放新聞　大阪版』一一年一〇月一〇日付）と、国の法律改正のテコにすることまで主張している。

『解放新聞　大阪版』によると、広告会社や大手食品メーカーなどが「土地差別」をしたとして、糾弾会を連続して行なっていることが報道されている。

　ところで、冒頭で触れた旧同和教育推進校の「スーパーエリート校」化について、部落解放同盟としては、本来なら「差別教育につながる」などと、文句のひとつでも言ってしかるべき話である。一方で「土地差別」と声高に叫びながら、不可解な話である。そうしないのは、なんらかの裏約束が橋下市長との間で交わされているのではないか、と疑われてもしかたがない。

第4章

大阪で起こっている本当のこと

大阪市交通局「違法な選挙活動」は嘘だった

大阪維新の会「偽造リスト事件」で浮上した〝謀略〟

何かと問題を抱える〝伏魔殿〟大阪市役所だが、先の偽造リスト事件は、それにかこつけて、交通局に対する労組の影響力をそぎ、地下鉄を財界に叩き売る下工作だったのではないか？

テレビ、新聞が集団ヒステリー

今年三月末、全職員に対する「思想調査」の実施や「教育基本条例」「職員基本条例」などの制定で暴走してきた橋下市長と「大阪維新の会」が、一転して窮地に追い込まれる事態が起こった。

きっかけになったのは、大阪交通労働組合が作成したといわれ、維新の会の大阪市議がこの二月六日、マスコミに公表したあるリストだ。

リストは、昨年一一月の大阪市長選挙で、平松邦夫前市長を支援するための「知人・友人紹介カード配布・回収チェックリスト」だった。テレビ・新聞が、

「労組、一八〇〇人に紹介カード　組織ぐるみ支援か」

「市と交通労組、協力か」

「非協力なら不利益」

などと大々的に報道したものである。

しかしこのリストについて、大阪市交通局の調査で捏

造リストであることが判明し、橋下市長側が一転、苦境に立たされたのである。

いわくつきのリストを入手したのは、維新の会の杉村幸太郎議員。杉村議員は、この二月一〇日に開かれた大阪市議会市政改革特別委員会でこの問題を取り上げ、「ある交通局職員から私に提供されたもので、市交通局本局庁舎内にあった」ものと前置きし、その「内部告発」の内容を次のように説明している。

「このA4用紙から成る書類は、鉄道事業本部、車両本部、車両部などに所属する職員一八六七人もの名簿リストで、三十数枚に及ぶ。氏名だけではなく、職員一人一人に設定された七ケタの氏名コードとともに、カードの配付・回収状況まで記載されている。名簿リストの下段には、『大阪市労連では、組合員が一丸となって知人・友人紹介活動に取り組み、平松市長を積極的に応援していくことを決定しています。知人・友人紹介活動カードを提出しない等の非協力的な組合員がいた場合は、今後不利益になることを本人に伝え、それでも協力しない場合は各組合の執行委員まで連絡して下さい』との文言。このような名簿リストが局内に存在したということは、交通局と組合が組織ぐるみで市長選挙に関与していたことを裏付けるものだ」

さらに杉村議員は、リストの信憑性を強調しながら、市役所内部からの情報漏洩の可能性さえ指摘し、果敢に糾弾した。

◆偽造リスト問題で釈明会見を開いた維新の会の杉村市議（共同）

「この情報は匿名ではなく氏名等名乗った上での提供で、私自身も提供者にたびたび会って話を聞いている。提供者によると、名簿リストは執務場所で入手したとのことで、精査したところ名簿には組合員でない管理職のデータが含まれている。普通に考えて、労働組合が保有する情報だけでは名簿は作成できない。交通局が保管・管理すべき個人情報が提供され、流用されているとしか考えられない。政治活動が制限されている管理職が関与していたら法的にも問題になる」

要は、昨年秋に行なわれた大阪市長選挙で、橋下市長の対抗馬となった平松邦夫前市長当選のため、交通局ぐるみで違法な選挙活動をやったと決めつける質問だった。

ボタンのかけ違いを招いた杉村議員の〝実績〟

杉村議員には、昨年末の交通水道委員会で、すでに〝実績〟があった。交通局本局庁舎内で市長選挙を前に平松前市長の推薦カードを勤務時間内に配布したり、選挙期間中に候補者を支援する内容の労働組合の新聞が机の上に配付されていたことなどを追及していたのだ。

事実、この杉村質問を受けて橋下市長は、市役所施設からの組合事務所の退去と、職員の選挙活動の実態調査を決定。弁護士の野村修也・中央大学法科大学院教授を市特別顧問に任命して第三者調査チームを結成。徹底調査することを明らかにしたばかりだった。

そこに飛び込んできたのが、交通局ぐるみの選挙運動というビッグニュースだった。

当然、視聴者や読者は、過去に発覚した市役所ぐるみの選挙活動の実態を知っていたので、報道は事実として受け止められ、労組や関係者に対する批判の声がより強まった。そして「既得権者」たる公務員と闘う橋下市長の株もまた上がった。

橋下市長はこの報道が出た六日、早速、ツイッターで「公務員の労働組合がどれほどの力を持っているか。これから徹底調査していく」と吠えている。

そして、杉村質問と報道をきっかけにして、橋下市長の意を受けた野村修也特別顧問は二月一〇日、全職員を対象に、労働組合活動や選挙活動への関与を問うアンケート調査を始めたのだ。

橋下市長は、アンケート調査にあたって「調査は業務命令。回答しなければ処分する」との文書まで出し、憲法違反の思想調査を強行していくことになる。これに対して労組側は、大阪府労働委員会に「不当労働行為に当

たる」と救済を申し立て、同労働委員会は二三日、「不当労働行為の恐れがある」と凍結を勧告した。

　ところが野村特別顧問は、思想調査とは別に、市長部局の職員約二万三〇〇〇人の業務用メールを対象に通信内容の極秘調査に着手し、二月二〇日、うち一五〇人分のデータを入手していたことがわかった。橋下市長の職員を敵視する姿勢は変わらず、さらに「君が代起立斉唱条例」、そして「教育基本条例」「職員基本条例」の制定へと向かった。維新の会議員が入手した大阪市交通局ぐるみの選挙運動の実態を明らかにしたデータの公表と議会質問は、その火付け役となったわけである。

〝偽造リスト〟で赤っ恥をかいた背景

　ところが、それから一カ月半後の三月二六日、議会での質問を受けて実態調査を進めていた市交通局は、「名簿リストは、業務上の資料データをもとにまとめ捏造したもので、行為者は交通局鉄道本部に所属する非常勤嘱託職員であることが判明した」と、問題とされた選挙活動用リストが偽造されたものであることを発表したのだ。

　調査によると、当該職員が使っていたパソコンに先の杉村議員が質問した内容と同じ文面が貼り付けされ、プリントアウトされていたという。

　この捏造リストの発覚で、杉村議員はもちろんのこと、それまで市労組を徹底的に叩いていた「大阪維新の会」が窮地に追い込まれたのは言うまでもない。嘘の記事を書かされたことになったメディアからも、維新の会に対する不信の声がいっせいに上がった。正確に言えば、多くのメディアが、自身の力で検証もしないまま、維新の会の言い分を垂れ流したようなものだった。

　そして三月三〇日、その維新の会大阪市議団の釈明会見が開かれた。

　会見に先立ち、「お詫び」が読み上げられ、「説明文」と事実関係と経過報告の文書が配付された。もっとも、このお詫び文の配付には、いわくがあった。

　記者会見の当日の三〇日、大阪維新の会は、すでに交通局が偽造リストとの調査結果を発表していたにもかかわらず、「市労組幹部が、『維新の会はリストの真偽も確かめずに市議会で質問し、労組が犯人扱いされた。その説明を市民にすべき』と新聞に批判コメントを出した」ことに抗議していたのだ。そして右の文面を掲載した機関誌『維新ジャーナル』を、各紙朝刊に折り込んで配布してしまっていたのである。

なんとも体裁の悪い失態だった。

しかし、その「お詫び文」も筋の通っていない内容だった。抗議の相手側である労組には詫びず、市民に向けて詫びていたからだ。

しかも大阪維新の会は、「議員が、疑惑文書の真偽を確定し、調査したうえでないと質疑できないというのであれば、議員の自由な言論を阻害するものであり、許されない」と完全に開き直る始末だった。

なぜこのようなことが起きたのか？

「大阪維新の会」市議団が公表した今回の「名簿リスト」問題の事実関係と経過報告によると、杉村議員と当該職員との最初の接触は、市長選挙前の二〇一一年一〇月二八日のことだったという。

きっかけは、杉村議員のもとに寄せられた、所属・実名を明らかにしたメールだった。一一月二七日投票で行なわれる大阪市長選挙で、平松前市長の友人・知人紹介カードが職場内で勤務時間内に配付されているという情報が、そこに書かれていた。そして同市長選挙前の一一月三日、杉村議員と大阪維新の会市議団の美延映夫幹事長（当時）、当該職員が初めて会い、以降、さまざまな内部情報の提供を受けた。さらに年が明けた一二年一月七日、再度、当該職員と会った杉村議員は、ここでもさまざまな資料提供を受けたという。

問題の偽造リストは、今年一月二八日、最初はメールで送られ、二月一日には「原本」が送られてきたという。杉村議員は、このリストの真贋について確かめるため、コピーを持参して交通局に調査依頼をしたうえで、二月一〇日に議会で質問したという。

そして三月六日、「リスト」告発状作成のため、当該職員と杉村議員、大阪維新の会・市議会議員団の坂井良和団長、同僚議員の三人が会い、聞き取り調査をしたという。

それ以降も杉村議員は、当該職員から提供された内部資料を使い、二回にわたって議会で質問している。同市議団は、この経過報告の中で「すべて真性なものであったため、偽造リストについても疑う余地はなかった」と釈明しているが、結果責任についてはひと言も触れていなかった。

実際、先の記者会見でも、「質問の仕方が一部断定的に言ったことを反省している」としただけで、捏造をミスリードしたことの責任については、「議員の結果責任を問うということになれば、すべて正しいという捜査権のような調査権がいる。しかし、我々には認められていない」(坂井団長)と、問題をすり替えて、最後まで責任を認めなかった。それどころか坂井団長は、「私は内部告発者に二回会ったが、彼はよどみなく答え、非常に正義感が強いと感じた」と、捏造リスト提供者を擁護までしている有様だった。

交通労組を狙い撃ちにした本当の目的

この記者会見では、捏造リストがもともと不可解な場所で見つかったことも判明している。

提供を受けた杉村議員によると、告発者がリストを入手したのは、シュレッターの横にあった段ボール箱の中だったという。そんな大事な資料を、どうして誰からも見えるような段ボール箱の中に置いていたのか？ その時点で、誰しもがその信憑性について疑うはずだ。

そのことを記者からただされた杉村議員も、「もちろん疑いはあった」と答えざるをえなかったが、「真実を知りたい。捜査機関にはっきりしてほしい。問題提起したい」という理由で質問したと釈明しているが、確信を持たないままやった無責任な質問だったことを、事実上認めるかたちとなった。

しかし杉村議員は、告発者に「おかしなところがある」と偽造の疑いを指摘したとも言い、「捏造の可能性は最初から持っていた。それが彼だと思い至らなかったのは不徳の致すところ」などと、自らの立場を正当化するため、偽造リストの疑いを最初から持っていたなどと言い訳する始末だった。

幹事長の美延氏も不埒な態度は終始一貫していた。記者から「疑わしいところはなかったのか」と質問されると、「リストが杉村君に渡った時、我々も、たしかに少しおかしなところもあるなと正直感じた」と認めながら、「いままでいろいろな証言、いろいろな書類をいただいたなかで、そういうことがあってもすぐに議会で追及すべきだとの結論に達した」と答えている。

筆者は会見場でこのやりとりを取材したが、とにかくメディアに大きく取り上げられて話題になれば、ネタの精度はさして関係ないのだ。その背後には、大阪維新の会の議員が取り上げるのだから、さして疑いもせず、みんな飛びつくだろうという奢りが透けて見える。さらに言えば、代表である橋下市長の思想の根底にある「成果主義」に、維新の会のメンバーが洗脳されているではないかとさえ思った。

ではこの問題について、橋下市長はどう弁明したのか。「杉村議員の質問は、まったく問題ない」とコメントし、維新の会の代表である自分に責任が及ぶことを避けるためか、質問した杉村議員と市議団をかばった。

そして、同日の会見で、記者から「結果的に、組合がやったんじゃないかという印象を与えた。謝罪の必要はないのか」と質問されると、橋下市長はこんな詭弁を弄して責任逃れを図ったのだ。

「それをやらなければならないのは捏造した本人ではないか。委員会で質問しただけで組合に対する印象は与えられない。なぜ組合が濡れ衣を着せられたのか、なぜ有権者が知ったかといえば、メディアが報じたから。組合の印象を悪くしたのはメディアが報じたのが最大の責任」

つまり、大阪維新の会代表としての責任をメデイアの責任にすり替え、またしても逆ギレ。

さらに橋下市長は、『朝日新聞』が翌三一日付朝刊で「落ち度を認めるべきだ」との記事を書いたことについて、四月二日の定例会見でも逆ギレ。この問題とは無関係の光市母子殺害事件の一件を持ち出している。橋下市長がテレビ番組で被告代理人の懲戒請求を視聴者に呼びかけて訴えられた一件だが、その一審判決で損害賠償の支払い命令が出た際、『朝日新聞』は社説で「弁護士を辞めたらどうか」と書いていた。橋下市長は事もあろうにそのことをむし返し、「最高裁で『違法性はない』との判

決が確定したのに、『朝日新聞』はひと言も謝罪していない」と問題をすり替え、記事を書いた記者を一五分間にわたって〝糾弾〟し、会場全体を唖然とさせたのだ。

なぜ「謝罪」を求めた記者に逆ギレしたのか。

実は、杉村議員が捏造データをメディアに公表し、それがマスコミに大々的に報道された二月六日、橋下市長は、こんなメールを特別顧問や大阪府の幹部職員にまで送っていたのだ。

「報道で出ていますが、交通局リストは重大問題だと認識しています。（中略）できれば野村修也特別顧問に正式の仕事として依頼し、しっかりと予算を組んだ上での最高の体制作りをお願いして陣頭指揮をとってもらいたいと思います。かなりの数の調査員を投入したいと思います。交通局だけではないでしょう（以下、略）」

「よくやった！」と言わんばかりのメールだった。これを契機に、交通局に影響力を持つ労組の足下を崩し、別項で指摘したように市営地下鉄、市営バスの民間への売り飛ばしを画策していたとも推測できる。

捏造リスト問題から見えてくるのは、目的のためであれば、デマゴーグさえ駆使してやまない橋下市長の骨がらみの反民主主義的な体質である。

Sent: Monday, February 06, 2012 4:56:53 PM
To: 橋下 徹
Cc: 中田宏; 山田特別顧問; 綛山 副知事; 小西 総務部長; 橋爪 紳也; 橋爪 紳也; 原英史; 古賀 茂明; 上山 信一; 稲継 人事委員; 榛谷; 山中 特別顧問; 野村特別顧問
Subject: 【全局長】【全区長】実態調査
Auto forwarded by a Rule

報道で出ていますが、交通局リストは重大問題だと認識しています。

沖縄防衛局長のあの発言でも、世間は大騒ぎ。

役所が選挙に関わると言うのは極めて慎重でなければならない。これは以前から僕が指摘していたことです。

大阪市役所では先の市長選挙での態度振る舞いについて一定の総括をしますが、行政活動としてやっていたという軽い認識では全くダメです。
1、交通局のリストには幹部クラスも入っている。この幹部は知人紹介カードを組合に提出した記録になっており、それが事実なら完全な地公法違反。
2、大阪維新の会が入手している情報では、このリストについて選挙後、上司から廃棄命令が出ていた。これが事実なら完全な証拠隠滅罪です。
3、このリストは、市労連が指揮命令している。となれば市労連に属する組合でも同じことが行われていたと推察するのが当然。
4、市労連は、このリスト作成について事実を否定している。

これは内部調査で済まされる問題ではありませんし、内部調査では無理でしょう。

また特別顧問の皆さんに、わずかな費用で調査をお願いする話でもありません。

きちんと費用をかけてしっかりと実態調査をし、徹底した処分を断行すべき問題だと思っています。


できれば野村修也特別顧問に正式の仕事として依頼し、しっかりと予算を組んだ上での最高の体制作りをお願いして陣頭指揮をとってもらいたいと思います。かなりの数の調査員を投入したいと思います。

交通局だけではないでしょう。

こういう問題になった以上、次の事実についても明らかにして下さい。


選挙期間中、平松前市長が市役所前で演説をした際、ずらっと市役所の職員が並んでいました。ニュース映像で残っているので皆さんご存知の通りです。始業時間前だったとのことですが、一体誰からどのように知らせが出たのか。沖縄防衛局長のあの講和で大問題なのです。そういう意識を持ってもらわなければなりません。

ニューズ映像が残っていますし、あれだけの職員がずらっと並んだのですから、ヒアリングなど簡単なはず。

この程度の内部調査ができないというわけではないでしょう。

偶然集まるわけはありません。

誰がどのようにして知らせを出し、集まったのか。

詳細な事実経緯の報告を至急下さい。


区役所の実態についても、どんどん情報が寄せられております。

維新の会が暴く前に、役所としての自浄作用は働かないでしょうか？


今回の事案について、どのように対応するのか、役所としての考えをまとめて至急報告下さい。

明日で構いません。

橋下

◆橋下市長がブレーンたちに送ったメールの文面

橋下流改革プランのカラクリ

橋下市長「西成特区構想」で大阪の貧困は逆に拡大！

市民税の優遇措置、子育て世代へのクーポン券配布、スーパーエリート校設置……貧困都市大阪を象徴する西成区への優遇策には、格差社会を助長させる別の意図がたくし込まれている。

西成に中高一貫スーパーエリート校を⁉

橋下市長が、大阪市西成区にある日雇い労働者の街「あいりん地区」を舞台にした、いわゆる「西成特区構想」をぶち上げたのは、市長に就任してからわずか一カ月が経った今年一月一八日のことだった。

あいりん地区周辺に、大阪府外から転入してくる子育て世代に対して、市民税や固定資産税を一定期間免除する優遇措置を盛り込んだものだ。

この「西成特区構想」は、その後も中身が膨らみ、中高一貫のスーパーエリート校の設置や、児童を持つ家庭を対象に学習塾や習い事のために一万円のクーポン券を渡す、いわゆる「バウチャー制度」の導入など、市長自ら「西成区が変われば大阪が変わる」「西成区をえこひいきする」と公言するほどの特別待遇を施すものである。

橋下市長はなぜ、突如として、大阪市二四区のなかでも西成区だけを特別扱いすると言い出したのか？　その背景について、大阪府保険医協会事務局次長の渡辺征二さんが説明する。

「橋下市長の本当の狙いは、生活保護受給者の切り捨て、それも医療費の抑制にあります。市長と大阪維新の会は、将来の道州制をにらんで、大阪府・市を解体する『大阪都構想』を推進してきたわけですが、そのなかでも『西成特区構想』を打ち出しています。『あいりん地区』を抱えた西成区特有の『貧困と格差』の問題を、『生活保護の適正化』に大きくすり替えているのです。

生活保護受給者を敵視した橋下市長の制度改革は、国の生活保護制限改革や医療費抑制策と合致するものです。無税特区にするとか、あれこれアドバルーンを上げていますが、それもこれもいわば煙幕みたいなもの。そんな小手先のことでは、西成特有の問題は解決しません」

人口約一二万人の西成区の生活保護受給者は、今年一月現在で二万八四一二人。受給率は約二四%にのぼる。大阪市全体の生活保護受給者一五万二七〇三人の二割近くを占めている。また結核罹患率も高く、人口一〇万比で、大阪市全体が四七・四人に対して、西成区は五一六・七人だ。

大阪市の生活保護受給率は全国市町村のなかでも最高で、二〇一一年度予算ベースでの生活保護費は、一般会計の約一七%に当たる二九一六億円にのぼる。いわば〝貧困都市大阪〟を象徴するような数字だが、そのなかでも、橋下市長が抑制の対象として目をつけたのが、生活保護受給者の医療費だ。

生活保護受給者には、月々の生活保護費とは別に、一般の健康保険証に代わる医療券が支給される。受給者は、この医療券でどこの病院でも診察を受けることができるが、橋下市政は「医療機関登録制度」を導入しようとしている。生活保護者が受診する場合、事前に登録した医療機関や薬局しか使えないようにしようというものだ。

この登録制度の発端は、市長就任直後の一一年一二月二四日、橋下市長が市の最高意思決定機関「大阪市戦略会議」で、「生活保護見直し」を指摘したことだった。大阪市健康福祉局との協議で、生活保護について「国の制度の言い成りになっていたら、とんでもないことになる。受給認定業務はいざとなったら国に返還だ」と、市

◆西成のあいりん地区（撮影：鈴木智彦）

独自の制度制定を示唆したのが始まりだ。

そして翌一月八日、橋下市長は「保険医指定とは別の認証制度を西成区でやってみたい」と、生活保護医療扶助の抑制策を指示するメールを局長や区長に送付。さらに二月二〇日の記者会見で、「そうどんどこどんどこ、診療はタダだからといって、めたらめっぽうの診療を受けないように」するため、「重複受診を排除」「不正な診療を繰り返す医療機関を排除する」と公言し、生活保護受給者の医療費抑制に並々ならぬ決意を示した。

この一連の橋下発言を受けて、西成区、大阪市生活保護課がそれぞれ、「登録制度」「運用規定の改正」を提案したことで、それが具体化した。

ここで橋下市長が強調した「不正な生活保護受給」や「医療扶助」については、実は平松前市長時代から、警察OBやケースワーカーOBを採用して「適正化推進チーム」を結成している。そして一〇年二月から一一年一〇月の間に、暴力団組員など延べ四二人を生活保護の不正受給の疑いで逮捕しているが、「医療扶助」については、不正請求など見つかっていない。

「西成特区構想」は逆効果

西成区が提案した「登録制度」とは何か？　それは「生活保護受給者が受診する医療機関を各診療科一カ所、薬局一カ所に限定し、受給者一名につき一枚交付する『医療機関等登録証』に記載する」というものだ。このシステムでは、医療機関は、受給者が受診する場合、医療券と登録証を確認したうえで診療を行なう必要がある。本格的な実施は八月からとし、まだ大阪市としての方針が決定していない段階の四月下旬、すでに橋下市長の要請に一日でも早く応えようと、西成区長の独断で医療券とともに登録証を生活保護者に送付している。

先の渡辺氏は、担当の西成区保健福祉センターや大阪市健康福祉局生活福祉部保護課との懇談を通じて、「西成特区の本質がわかった」といって、こう説明してくれた。

「今回の登録制度は、西成特区の一環と当局は認めました。そして将来、大阪全区に広げるということです。そのため、西成を実験台にしたいとも言いました。我々が危惧しているのは、生活保護費を適正なものにせよという建前のもと、医療費を減らす、受診を萎縮させる狙いがあるのではないかということです。

本来医療は、患者と医療機関との関係で決められるものですが、今回の登録制度では、西成区保健福祉センターが実施機関になっていて、患者は病気になった場合、いちいちケースワーカーに相談してから受診しなければならなくなります。しかも医療機関は、患者が選ぶのではなく、ケースワーカーが選ぶことになります。

さらに、ケガなどで急いで病院にかからなければならなくなった場合、登録証がなければ、全額実費負担しなければならないことになります。いまは医療券を忘れた場合でも、医療機関が行政機関に問い合わせして、受給者と確認できれば、後で医療券を送ってもらえばいいことになっています。ほかにも、大阪市独自に西成区の医療機関に市長・局長権限で立ち入り検査を実施するなど、『適正化対策』に名を借りて、他の政令都市にはない厳しい指導を実施すると言っています。こんなことをやっていては、医者にも西成で開業するのは控えようという動きが出てくることは目に見えています。西成の医療はいっそう貧しくなります。橋下市長は、西成を変えると言って特区構想をぶち上げましたが、逆効果です」

実は、西成区では「特区」構想とは間逆の、もう一つの事態が進行しているのだ。親の育児放棄や経済苦、さらに障害者の親を持つなど、困難を抱えた子どもたちの最後のセイフティーネットになってきた「子どもの家」事業を一四年度から、学童保育に移行させる名目で廃止すると、橋下市長が打ち出したからだ。大阪市内二八カ所にあり、無料で子どもたちを預かるこの事業は、二三年前にスタートし、市内全域で二〇〇〇人が登録されている。西成区内にも、あいりん地区の「子どもの里」と「山王子どもセンター」の二カ所があるが、廃止寸前に追い込まれているのだ。

さて最後に、『朝日新聞』一二年三月三日付に「西成特区構想は差別構想か」とのタイトルで紹介された、西成区の開業医の声を紹介したい。

「高い生活保護率や結核罹患率の問題を抱える大阪市西成区を改善する名目で、橋下徹市長が西成特区構想を提唱しました。それに基づく医療機関等認証制度の説明会が先日、区医師会で区役所幹部を交えて開かれました。『受診する生活保護受給者に登録証を発行し、受診医療機関を登録制』という趣旨です。

これが実施されると、正当な理由がない限り、患者は一度決まった医療機関以外では受診できなくなります。これは、受診する医療機関を自由に選べるというフリーアクセス権の侵害ではないでしょうか。

確かに『医療機関へのフリーアクセスが認められているため、患者は軽症にもかかわらず大病院を受診したりする。結果的には、医療資源のムダが生じる』との批判があります。生活保護受給者が受診する際の医療機関を制限するこの方式が生活保護行政において重要だ、というのであれば、全市挙げて導入すべきです。西成の生活保護受給者だけに実施することには辻褄が合いません。この人たちに対する人権侵害です。

西成特区構想は、まさに西成差別構想に思えます。市長は、このような差別的行政手法をやめ、大阪市民が等しく元気になれる改革を実行してほしいと思います」

橋下流デマゴーグに騙されるな！

大阪市の莫大な〝預金〟を隠して財政危機を演出する橋下市長の思惑

年間五〇〇億円の税収不足を理由に、市民サービスの予算を削減するという橋下市長だが、大阪市が借金返済のために積み立てている「公債償還基金」の残高は、四二二〇億円と大幅黒字なのだ。

丸っきりの嘘となった「公約」

「大阪市民は贅沢」

橋下市長がこう言い放って始まった大阪市の二〇一二年度暫定予算だが、七月には本格予算案が市議会に提案され、八月からスタートすることになる。

こうしたなか、橋下市長は先にまとめた「試案」を手直しした「市政改革プラン（素案）」を五月一一日に発表した。しかしこの素案は、すべての世代を対象にして市民サービスに大ナタを振るうものだったため、大阪市民から猛反発を受け、与党である大阪維新の会市議団を除く他の政党からも「見直し決議」を採択されるなどして、窮地に陥っている。

一二年の予算案は当初、橋下市長が発足させたプロジェクトチームが作成。「大阪市の施策・事業の見直し試案」として四月五日に発表された。その内容は、住民サービスを中心に一二年度から三年の間に一〇四の事業を削減・廃止し、総額五四八億円をカットするというものだった。最大の特徴は、高齢者、現役世代、若者といったあらゆる世代に対して負担増を強いていることだ。

たとえば、七〇歳以上の市民が無料で市営地下鉄・バスを利用できる「敬老パス」の半額負担、上下水道代減免の廃止、一人暮らしの高齢者への配食サービス補助金廃止、国民保険料の引き上げなど、高齢者に対する血も涙もない切り捨てメニューだった。

橋下市長は、一一年度予算編成にあたって「現役世代を重視」すると公言したが、事実はまったく逆で、新婚世帯への家賃補助の廃止、保育料の引き上げ、学童保育制度の廃止など、現役世代・若者にも犠牲を押しつけたものだった。さらに、大阪フィルハーモニー協会と文楽協会への助成金もカット。文化・芸術分野にまで大ナタを振るうものだった。

プロジェクトチームの「試案」では、市内二四区にある室内プール二四カ所と区民センター三四カ所をそれぞれ一挙に九カ所に減らしたり、男女共同参画センター「クレオ大阪」の全廃、地域密着型のコミュニティーバスの運営補助金のカットと、まさに大阪市をバラバラにする解体予算だった。

橋下市長が公約に掲げた「大阪都」構想では、現在の二四区が九つの「特別区」に再編されるから、それだけの数はいらないという理屈だが、誰もそんなことには同意していない。

実際、橋下「大阪維新の会」は、昨年秋のダブル選挙で「大阪市をバラバラにしません」「二四区二四色の鮮やかな市役所に変えます！」「大阪市役所の大改革で税金の無駄使いをストップし、住民サービスを拡充します」「敬老パス制度を維持します」と公約していたが、これではまったくの嘘だったことになる。

しかも橋下市長は、「区長公募」制度を導入し、二四区の区長に権限と財源を与え、二四区の区割りをどうするのか、住民サービスをどうするのか、すべて区長の責任でやらせると公約。市長は責任をとらない仕組みにしていた。

さすがに、市民福祉サービスまで予算カットの対象にしたため、橋下市長の選挙運動員からも「裏切られた」

と厳しい批判の声が上がっている。市長与党である「大阪維新の会」議員からも、五月一日に開かれた大阪市議会市政改革特別委員会で、「市民に直結するものばかりで、維新の議員すら驚いている」と発言するなど不満が続出した。

これを受けて橋下市長は、五月一一日、先のプロジェクトチームの試案を手直しした「市政改革プラン（素案）」を発表したわけだが、それによると、今後三年間で一七六八億円の「財政効果」を見込んで総額四八八億円もの市民サービスを切り捨てるという。大筋は先の試案と同じで、大阪市民に対する総攻撃ともいえる内容となった。

財政危機を招いたのは大規模開発

「市政のグレートリセット」を掲げる橋下市長は、市民サービス切り捨ての理由として、名古屋市や京都市と比べて「大阪市民は贅沢」と発言。まるで住民サービスが「財政危機」の原因であるかのように主張している。しかしこれは、橋下市長お得意のレトリックである。

大阪市の財政危機を生み出したのは「大阪市民の贅沢」ではない。たとえば、一九九七年の消費税増税が大阪経済に打撃を与え、市の税収入は九六年度から一〇年度までに一五一六億円も減少。筆者もこれまで何度も書いてきたが、ＷＴＣに象徴される大阪湾ベイエリア開発や阿倍野再開発事業など、関西財界や大企業の言い成りになってきた数々の巨大開発の破綻・失敗と国の「三位一体改革」による市財政の締め付けが、「財政危機」の大きな要因なのだ。

具体的に言えば、阿倍野再開発事業の負債は大阪市の一般会計から補填しているが、今後一〇年間がそのピークで、市の財政を圧迫し続けている。橋下市長は、こうした「財政危機」の本当の原因について、まともな説明を一切していない。国の悪政や歴代大阪市政の失政が招いたツケを、「まず削減ありき」で大阪市民に押しつけようとするところに、橋下流のごまかしがあるのだ。

生活保護率、失業率とどれをとっても、日本の中でも貧困都市の代表とされる大阪市民のどこが「贅沢」なのか？　橋下市長の為政者としての根本的姿勢が問われる

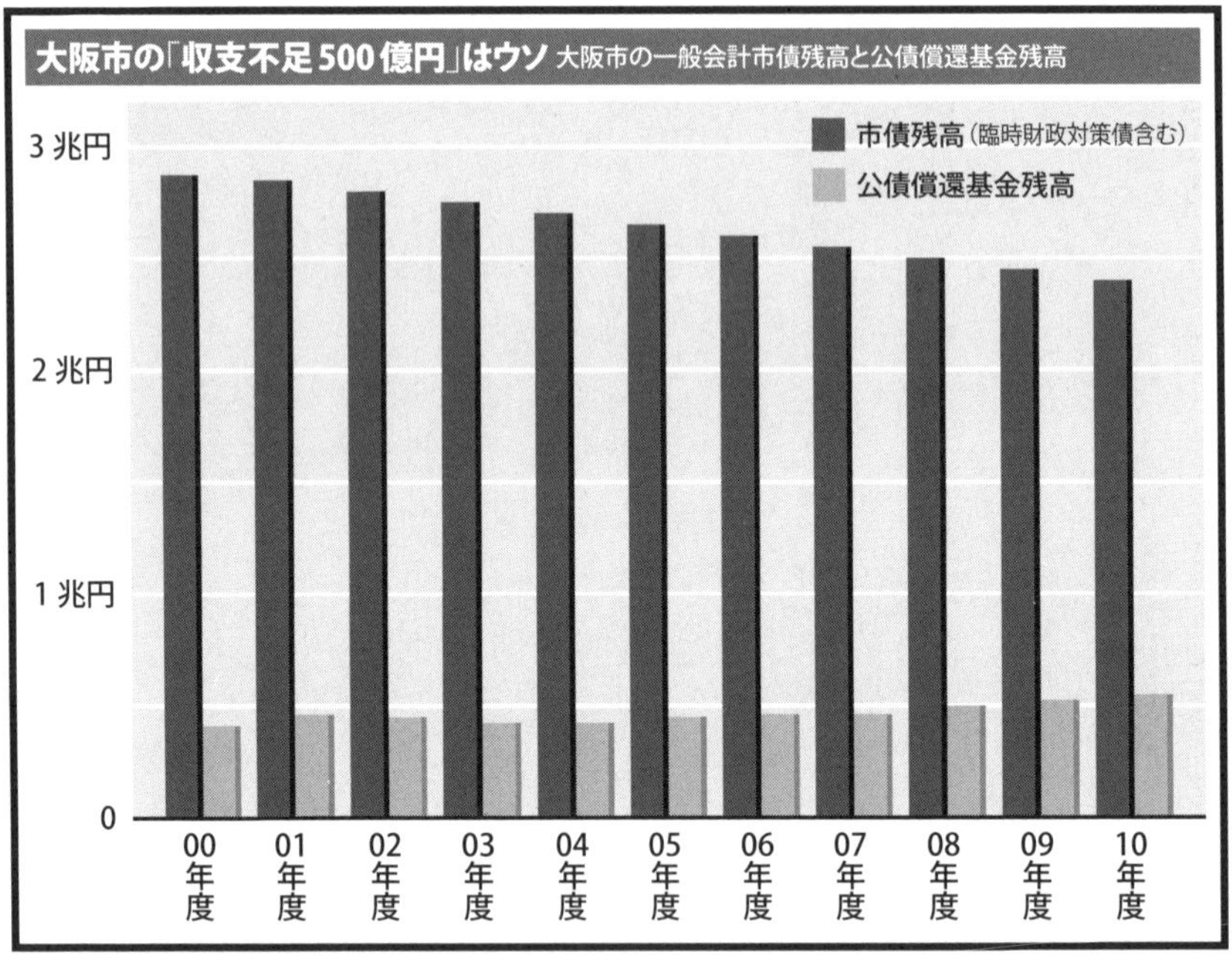

発言である。

この素案について大阪市は、五月二九日までパブリックコメントを受けつけた。その期間はわずか一九日間と短いものだったが、過去最多の二万八三九九件にも達し、うち市に対する反対意見は二万六七三件と九四％を占めた。最も反対が多かったのは、市民交流センターの全館廃止方針で、寄せられたコメント二八四五件が反対意見だった。この他、敬老パスの有料化反対が二四七七件、男女共同参画センターの廃止反対が二三六五件あった。

このパブリックコメントについて橋下市長は、六月八日の記者会見で、「ただ、全有権者の数からすればごく一部。数だけではなく、中身が重要」などと、自らの素案を正当化しようとした。反対意見が多かったことについては、「市政改革プランのとりまとめに反映させたうえで市議会で議論する」と答えざるをえなかった。

地下鉄は年二〇〇億円の黒字

ところで、この橋下素案には、もう一つ大きな嘘とご

まかしがある。それは、橋下市長が今回提案した市民サービスカットの根拠にしている「年間五〇〇億円」の収支不足だ。

もともと橋下市長は、大阪府知事時代に「大阪は夕張市と同じ破産会社」と宣伝し、「収入の範囲内で予算を組む」と言って福祉切り捨ての「財政再建」を強行したが、結局、無謀な府庁舎移転計画の失敗などで、逆に借金を増大させている。まさに大失政の末、大阪府政を任期途中で投げ出さざるをえなかったのだ（拙著『橋下「大阪維新」の嘘』参照）。

しかし、年間二〇〇億円を超える黒字の地下鉄事業や甲子園球場の八〇倍に相当する遊休地などの「資産」を持つ大阪市で、府政時代と同じ手法は使えない。そこで、橋下市長が考え出したごまかしは、「補填財源に依存しない」「持続可能な財政構造を構築する」などとして、「不用地の売却」（年間百数十億円）を見込まないなど、「収入」そのものを少なく見積もっていることだ。

もともと、「大阪維新の会」が府市合併の「大阪都構想」を打ち上げた最大の狙いは、大阪市が持つ裕福な資産を切り取って、橋下の人脈上にある財界に売り飛ばすことだ。これについては、拙著でも明らかにしてきたが、実は大阪市の借金（市債）残高は減り続けており、借金返済のために積み立てている「公債償還基金」は、積立額が取り崩し額を上回り、残高は四二二〇億円（一二年度見込み）で増え続ける見通しなのだ（グラフ参照）。

こうした「資産」も示さず、「年間五〇〇億円の収支不足」をはじき出して「財政危機」を過剰にあおり、一挙に市民サービスの切り捨てを狙おうというのが、今回の「市政改革プラン」の実相なのだ。

ゆめゆめ橋下氏のデマゴーグに騙されてはいけない。

入れ墨問題とは比較にならない社会悪

「大阪カジノ特区構想」で大阪がボロボロにされる！

府知事時代から頻繁に口にしてきた大阪の「カジノ特区構想」。橋下市長の得意芸であるリセットのための「夢物語」「話題づくり」と見る向きが多いが、ギャンブル業界絡みで利権話でもあるのか？

カジノ誘致は関西財界の長年の悲願

「こんな猥雑な街、いやらしい街はない。ここにカジノを持ってきてどんどんバクチ打ちを集めてきたらいい。風俗街やホテル街、全部引き受ける」

「大阪をもっと猥雑にするためにも、カジノをベイエリアに持っていく」（『読売新聞』二〇〇九年一〇月二九日）

大阪府知事時代の橋下氏が、「大阪　風俗引き受けます」発言をしたのは、〇九年一〇月二九日、大阪市内の企業経営者を前に講演した時のことだった。

講演のテーマは関西の活性化。この講演の中で、橋下氏は大阪の役割を述べたが、「大阪はエンターテインメントの街。都市で役割分担して、上がってきた税収で分ければいい」と言って、風俗の誘致で府民生活が潤うかのような暴論を披露してみせた。しかも「風俗誘致」のメインはカジノである。

「橋下市長のリセットは選挙とカジノ」（自民党大阪市

議）と皮肉られるほど、府知事在任中から、カジノの誘致に人一倍熱心だった。

　そして橋下氏は、先の発言から一年後の一〇年一〇月二八日、東京都内で開かれた「ギャンブリング・ゲーミング学会」の総会に出席し、さらにとんでもない暴論を披露している。

「日本はギャンブルを遠ざけてお坊ちゃま、お嬢ちゃまの国になっている。ちっちゃい頃からギャンブルを積み重ね、勝負しないと世界に勝てない」

（『読売新聞』一〇年一〇月二九日）

　この総会に参加していたのは、カジノの合法化に向けて、自民、民主など超党派の議員が集まる議連「国際観光産業振興議員連盟」（一〇年四月発足）のメンバーたちだった。橋下氏は、彼らを前にして「増税の前にカジノ。兵庫や京都の知事がダメと言っても関係ない。エンターテインメントや猥雑なものは全部、大阪が引き受ける」と、カジノ法案の成立を訴えた。

　カジノ誘致は、もともと関西財界の長年の悲願で、故横山ノック府知事時代から何度もぶち上げられたが、その都度挫折してきたものだ。

　そもそもカジノ構想は、大阪湾ベイエリア開発の中核地域・咲洲地区のテクノポート計画の目玉事業の一つだった。関西財界、大阪府・市が一体となって進めてきたのだが、巨額の借金をつくり、大阪市だけでも約一兆円

◆シンガポールのカジノを視察する府知事時代の橋下氏（共同）

を投入した挙げ句に、失敗を宣言している。橋下知事が就任して、またぞろ亡霊のごとく持ち出されたものだった。

「アジアとの都市間競争に打ち勝つためにカジノは必要。利益は福祉などに回せばいい」

「法改正が無理なら、『カジノ特区』をつくればいい」

府知事時代の橋下氏は、「福祉」を大義名分にして、橋爪紳也・大阪府立大学教授などを中心にした有識者でつくる「大阪エンターテイメント都市構想推進検討会」を設置（一〇年七月）し、検討を重ねてきた。

そして橋下氏は、夢洲・咲洲地区まちづくり推進協議会の初会合で「カジノがキーワード」「国際会議場や展示場で人を呼び込んだときに、遊べるパッケージにしないと機能しない」と発言、「バクチで人を呼び込む」持論を展開した。

しかし、太田房江府知事時代にも誘致構想が持ち上がったカジノについて、〇二年九月、府議会本会議で当時の府警本部生活安全部長は、「①刑法の賭博罪との関係から、その実施にあたっては新たな立法措置が必要、②刑法では賭博は禁じられている、③営業行為への外国人犯罪組織や暴力団の関与あるいはカジノ周辺における風紀問題や治安の問題、あるいは少年の健全育成に与える影響が考えられます。もし、具体的にカジノを実施すべきかどうかという問題が生じましたならば、以上の問題について、国民の幅広い議論を経て、その是非が検討されるべきであろう」と答弁している。

橋下氏のカジノ構想についても、〇九年九月府議会で当時の府警本部長は、「いわゆるカジノについては、刑法の賭博罪に抵触するため、これを開設するためには新たな立法措置が必要であると承知しております。仮に地域経済の活性化等、一定の公益の増進を図る観点から、カジノを合法化する特別立法がなされる場合は、警察といたしましては、地域の風俗環境の保持、少年の健全育成、暴力団等の排除といった観点から対策を講じる必要があると認識しております」と、現行では賭博罪に抵触するという、至極当然な答弁をしている。

得意芸!? リセットのための「夢物語」

そもそも、カジノ構想の場所となっている咲洲地区のポートタウンにはたくさんの住民が暮らし、学校などの教育施設、商業施設もあり、多くの人たちが働いている。海外から人を呼び寄せるための賭博場の設置は、咲洲地区の街づくりにとっては「百害あって一利なし」なのだ。

さらに言えば、街づくり推進協議会の初会合で、下妻博関経連会長（当時）は、「政治主導で夢を描いてもらって、『そこに行った方が得だよな』と考えるのが経済界。何をしてくれるんだといわれても経済界は計算してからでないとやらない」と本音を露骨に語った。

実際、在阪経済三団体は咲洲地区への出店を拒否。府知事時代の橋下氏が、大阪市から一〇〇億円をかけて買い取った旧WTC（現大阪府咲洲庁舎）からも企業の撤退が相次ぎ、最近では、空き室を埋めるために市役所部局を移転する話まで持ち上がっている始末なのだ。

懲りない橋下氏は、大阪市長に就任してから設置した大阪府市統合本部（本部長・松井一郎府知事）の「都市魅力戦略会議」（部会長・橋爪紳也大阪府立大学教授）でも、カジノ構想について検討を進め、今年二月には松井府知事とともに、カジノを含む総合リゾートを運営する「メルコクラウンエンターテインメント」のローレンス・ホー最高経営責任者と府公館で会談し、大阪でのカジノ構想実現に向けて協力していくことで一致したという。この席で橋下市長は、「任期中の三年少しの間に道筋をつけたいので、協力を結んでもらいたい」と依頼したと伝えられている。

しかし、『橋下「大阪維新」の嘘』（宝島SUGOI文庫）でも触れたように、カジノの本場マカオでは中国バブルの崩壊で観光客が減り、ホテルの建設中止が相次ぐなど、カジノ市場は急激に縮小傾向にある。

最大で唯一の顧客である中国人観光客が、わざわざ大阪まで来てカジノで遊び、それこそ「福祉」の財源になるほどのカネを落とすとは、いまどき本気で信じる人はいない。橋下市長の得意芸であるリセットのための「夢物語」「話題づくり」と見る向きが多いが、これほどま

◆大阪府の咲洲庁舎。この周辺に「カジノ特区」をつくろうというのだ（共同）

でに固執するとは、ギャンブル業界絡みで利権話でもあるのかと、勘ぐりたくなる。

パチンコを超える利権の肥大化

きな臭い話はいったん置くとして、冒頭の橋下氏の「子どもの頃から勝負師にならないと、世界に勝てない」という暴論には、ギャンブルの怖さを知らない、橋下氏の無知ぶりをさらけ出したものとの批判の声が強い。

ギャンブル依存症問題に取り組む、依存症問題対策全国会議事務局長の吉田哲也弁護士は、カジノ合法化がもたらす日本社会への悪影響について、こう警告する。

「一攫千金を夢見て、若者が夜な夜なカジノに繰り出す社会……。『なぜ韓国は、パチンコを全廃できたのか』の著書で知られている作家の若宮健氏は、韓国カジノの現実を取材したうえで、『カジノは日本文化を滅ぼす』と断じています。勤勉であることが美徳とされる日本社会の道徳観念が、日本社会の発展に寄与したことは間違いのない事実です。カジノの合法化は、そうした道徳観念に変更を迫ることになるでしょう。

若宮氏の調査によれば、韓国の自国民向けカジノおよびその周辺では、オープン間もないのに二五名もの自殺者が出たという。カジノに依存し、あり金すべてを失ってしまった末の自殺であろうことは想像に難くありませ

ん」

吉田弁護士がギャンブル依存症問題に関わるきっかけになったのは、多重債務者問題である。多重債務状態に陥る原因の一つが、ギャンブル依存症だったからだ。

日本のギャンブル依存症のほとんどは、パチンコ依存症である。日本国内には、一万店を超えるパチンコ店が存在している。パチンコ人口は約一七二〇万人（『レジャー白書二〇一〇』）と推定され、日本の人口の約一三％がパチンコ愛好者となっている計算だ。作家としても知られる帚木蓬生氏の著作『ギャンブル依存とたたかう』によると、これらパチンコ愛好者のうち優に一〇〇万人を超える人が、パチンコ依存症に罹患しているという。

吉田弁護士が続ける。

「パチンコにハマってしまったがために、犯罪者になってしまうことがよくあります。彼らはパチンコさえなければ、犯罪者にならなかったし、これらの犯罪の被害者も犯罪被害者にならずにすんだものです。

パチンコは三店方式というまやかしをまとっているものの、結局、換金に至るシステムであり、その実態は賭博以外のなにものでもありません。賭博は刑法で禁じられている犯罪であるにもかかわらず、これがまったく摘発されていない現状の背景には、二〇兆円産業に巣くう政治家、警察、パチンコ業者、そしてパチンコ業界からの広告収入に深く依存し、批判記事をまったく書かないマスコミの根深い闇が存在します。カジノの合法化によって、より大規模に人を不幸に陥れ、利権も肥大化することは明らかです」

この原稿を書いている最中、橋下市長はもっぱら市職員の入れ墨問題を取り上げ、これがまた全国ニュースで繰り返し大きく取り上げられ、またぞろ「既得権者」、それも暴力団をイメージさせる入れ墨職員と闘うヒーロー像が増幅されていた。

しかし、入れ墨問題とは比較にならないほど深刻な社会悪であるカジノ誘致については、なぜかどのメディアも問うことがなくなっている。

小さな悪をやり玉に上げ、世間の注目をそちらに向ける——巨悪を覆い隠すいつもの橋下流パフォーマンスだと思えるのは、筆者だけではないだろう。

馬鹿げた調査の費用は一億円！

大阪市役所職員「思想信条調査」の真相

労働委員会でさえ「凍結」の命令を下した大阪市役所の「思想信条調査」。憲法違反の行為に、橋下市長はまたしても詭弁を弄して言い逃れた。

憲法を侵害する反国家的調査

「このアンケート調査は、任意の調査ではありません。市長の業務命令として、全職員に、真実を回答していただくことを求めます。正確な回答がなされない場合には処分の対象になります」

今年二月九日、「大阪市長　橋下徹」の直筆署名入りで、大阪市役所の職員三万二〇〇〇人に「労使関係に関するアンケート」調査への回答が要請された。俗に「思想調査」と呼ばれるものだ。

調査の直前には、大阪市議会で維新の会の議員が追及した「大阪交通局ぐるみの選挙運動リスト問題」があったから、追い討ちをかける目的で仕組まれたのは誰の目にも明らかだった。ただしこのリストは、後に捏造リストだったことが判明したのだが……。

質問項目については、弁護士で中央大学法科大学院教授でもある野村修也大阪市特別顧問が中心となった調査

2012年2月9日

職員各位

アンケート調査について

市の職員による違法ないし不適切と思われる政治活動、組合活動などについて、次々に問題が露呈しています。

この際、野村修也・特別顧問のもとで、徹底した調査・実態解明を行っていただき、膿を出し切りたいと考えています。

その一環で、野村特別顧問のもとで、添付のアンケート調査を実施いただきます。

以下を認識の上、対応よろしくお願いします。

1）このアンケート調査は、任意の調査ではありません。市長の業務命令として、全職員に、真実を正確に回答していただくことを求めます。
正確な回答がなされない場合には処分の対象となりえます。

2）皆さんが記載した内容は、野村特別顧問が個別に指名した特別チーム（市役所外から起用したメンバーのみ）だけが見ます。
上司、人事当局その他の市役所職員の目に触れることは決してありません。

調査票の回収は、庁内ポータルまたは所属部局を通じて行いますが、その過程でも決して情報漏えいが起きないよう、万全を期してあります。

したがって、真実を記載することで、職場内でトラブルが生じたり、人事上の不利益を受けたりすることはありませんので、この点は安心してください。


また、仮に、このアンケートへの回答で、自らの違法行為について、真実を報告した場合、懲戒処分の標準的な量定を軽減し、特に悪質な事案を除いて免職とすることはありません。

以上を踏まえ、真実を正確に回答してください。

以上

大阪市長
橋下徹

◆職員アンケート調査への要請文

Q6　あなたは、これまで大阪市役所の組合が行う労働条件に関する組合活動に参加したことがありますか(現在組合に加入していない方も過去の経験でお答えください)。
(注)「誘った人」の氏名は、回答いただかなくても構いません。末尾に記載した通報窓口に無記名で情報提供していただくことも可能です。

□ 1. 誘われていないが、自分の意思で参加した。
□ 2. 誘われたので参加した。
→〔活動内容：　〕
→〔誘った人：　〕
→〔誘われた場所（例：執務室）：　〕
→〔誘われた時間帯（例：昼休み）：　〕
□ 3. 参加していないが、誘われたことはある。
→〔誘われた活動の内容：　〕
→〔誘った人：　〕
→〔誘われた場所　〕
→〔誘われた時間帯：　〕
□ 4. 参加したことも、誘われたこともない。
□ 5. 組合に加入したことはない

◆立ち入った内容の質問項目が並ぶ

チームが考えたものだが、質問項目は全部で二二。回答には市役所が設置した「アンケートサイト」の利用が強制され、質問の順番どおりに答えないと次に進めない仕掛けを施すという念の入れようだった。

具体的には、「この二年間特定の政治活動家を応援する活動（求めに応じて知り合いの住所等を知らせたり、街頭演説を聞いたりする活動を含む）に参加したことがありますか」と訊ねたうえで、「自分の意志で参加をしたか／誘われて参加をしたか、誘った人は誰か／誘われた場所や時間帯はどうか」などの選択項目を設定し、さらに誘った人として「職場関係者」や「上司等」の実名を書くようにと迫っている。

ここで巧妙なのは「〜関係者」「〜等」としている点で、これでは職場を超えて、際限なく回答すべき人物が広がってしまう。勤務時間外や職員以外についても実名を記入しなければならない。労使関係の調査に名を借りた思想調査と言われる所以だ。これでは憲法第一九条が保障する思想・良心の自由を侵し、憲法二一条が保障する政治活動の自由を侵害する。

この「思想調査」については、日本弁護士連合会、大阪弁護士会などからも憲法違反だという激しい批判の声が上がった。また、大阪市労組が「組合運営に介入する不当労働行為にあたる」と大阪府労働委員会に救済を求めたため、同月一七日に野村特別顧問は、「法定の手続きが始まった以上、ことの推移を見守りたい」と、調査の凍結を発表。アンケートは廃棄処分されている。

しかし橋下市長は、それでも「調べるのは当たり前」と強気の姿勢を崩さなかった。

大阪市役所は捜査権を持っている!?

この「思想調査」に関する橋下市長の考えはどういったものだったのか。三月二日に開かれた、大阪市議会本会議での北山良三共産党議員と橋下市長のやりとりを振り返ってみよう。

まず北山議員が、「これは思想・良心の自由、選挙活動の自由を侵す憲法違反ではないか」と質問したのに対して、橋下市長はこんな言い逃れをしている。

「アンケート調査は、市役所の健全な労使関係を見極めるというのが調査目的で、調査結果も統計的に使用し、僕も見ないので憲法第一九条違反にはならない。調査の目的は思想、良心を調査するものではない」

あたかも自分が調査結果を見ないのだから、憲法違反ではないかのような言い逃れをしたが、そもそも市長が見るか見ないかは論点のすり替えでしかない。業務命令で全職員に「政治活動に参加したことがあるか、どうか」「誰に誘われて参加したのか」などと質問すること自体、思想調査なのであり、内心の自由を侵す行為にほかならない。

さらに橋下市長は、「今回は令状に基づいた捜査ではないので、捜査機関の調査とは違うけれども、ある一定の外形的な行為を調べることは刑事訴訟法上許されている」と答え、大阪市役所がまるで警察に匹敵する捜査権を持っているかのような屁理屈まで持ち出した。

こうして橋下市長は、これはあくまでも「思想調査ではない」と言い張ったのだが、アンケート調査の前には職員のメールの秘密調査も行なわれていた。二月二二日

付の新聞報道によれば、橋下市長は、「僕は趣味や嗜好で思想調査をやっているわけではない。調査をしなければならない事情を発生させたのは、組合、市役所サイドだ」とコメントしているのだ。

バカげた調査に一億円の支出！

ところで、二月一三日、大阪市労組から「アンケート調査は、不当労働行為にあたる」と救済を求められた大阪府労働委員会は、同月二二日、従来にない早さで「不当労働行為の恐れがある」と調査の凍結を勧告している。

その際、府労働委員会は、「第三者チームに調査委託をし、業務命令を出した非申立人（この場合、橋下市長）の責任において、本件アンケートの調査の続行を差し控えるよう勧告する」と、野村特別顧問が調査を凍結するだけではダメで、「非申立人」、つまり橋下市長の責任で調査を中止するよう勧告している。

これは野村顧問が、府労働委員会から凍結を勧告される前に、自らが凍結を表明したにもかかわらず、橋下市長は「調べるのは当たり前」と、強気の姿勢をとってきたことに対する強い勧告だった。

◆予算カット、極端な施策の強行……市民グループから抗議を受ける大阪市役所（共同）

◆大阪府労働委員会の勧告で凍結となった「職員アンケート」を廃棄する特別顧問の野村弁護士（共同）

職員三万二〇〇〇人を対象にした「職員アンケート」票は、四月六日、本庁舎地下で、多くの報道関係者などを証人にして、集めた回収分をシュレッダーで破砕、フロッピーはハンマーで叩き割るなどして、廃棄処分された。

このため六月五日、市民グループ「大阪市民ネットワーク」の代表市民ら二百数十人が、今回の「職員アンケート」調査にかかった費用総額約九五〇〇万円を橋下市長に返還させるよう住民監査請求を起こした。

それによると「業務命令」としてムダな業務に従事させられた職員の公金支出は約八六八四万円。野村修也特別顧問、原栄史特別顧問の他、補佐した特別参与一一人の合計一三名に対する公金支出は八五四万六九九〇円としている。

「大阪市民は贅沢」と放言し、かつてないほどの規模で市民福祉を切り捨てる橋下市長。一方で、それこそ自分の意向に従わない職員や市民の思想調査に一億円近いカネを使っている。

橋下市長が公職にふさわしくない人物だということは、こうしてみれば充分にわかるというものである。

大阪府の「内部文書」を独自に入手！

橋下恐怖政治で自殺に追い込まれた職員の記録

二〇一〇年一〇月一四日、大阪府商工労働部のA参事が、淀川で水死体となって見つかった。自殺だった。職員の恫喝、締め付けに邁進してきた橋下氏が招いた、これは公務災害だ！

A参事はなぜ命を絶ったのか？

昨年一一月の大阪府市ダブル選挙に勝った橋下市長は、当選直後の記者会見で「民意を無視する職員は大阪市役所から去れ」と吠えた。

それ以来、「市長選挙で誰に投票したか」と特高警察顔負けの思想調査を行なったのを手始めに、君が代基本条例、職員基本条例、教育基本条例、さらには「入れ墨」調査と、大阪市の職員を自分の下僕として扱おうとするパワーハラスメントを連日のように繰り返している。

こうした橋下氏のパワーハラスメントは、何も市長になってから始まったものではない。

大阪府知事時代、ある男性の死をもって橋下独裁政治の恐ろしさが証明されていることを、筆者は『橋下「大阪維新」の嘘』（宝島SUGOI文庫）で紹介したが、今回、この男性の自殺に関する大阪府の内部文書を入手した。

この内部文書は、大阪府総務部人事室が昨年の二〇一一年二月にまとめた、A4判一二ページの「商工労働部商工振興室経済交流促進課国際ビジネス交流グループA参事の現職死亡に関する調査報告書」と題するものだ。

その内容を紹介する前に、当事者のA参事が自殺するに至った前後の経緯と、大阪府議会で当時の橋下府知事の責任を追及する質問があったことなどを改めて概括しておきたい。

A参事が淀川で水死体となって見つかったのは、一〇年一〇月一四日のことだ。身体の損傷などから死後一週間以上は経っており、翌一五日、歯型などから亡くなったのはA参事（当時五一歳）と確認された。A参事は一〇月四日、自宅を通常どおり出たものの出勤せず、夕刻、自宅で書き置きが見つかったことから、家族が地元警察に相談。そのまま行方不明になっていた。さらに七日、職場の同僚がA参事の机の中から退職願いとメモを発見。メモにはこう書かれてあった。

「仕事上の課題・宿題が増え続け、少しも解決しません。もう限界です。疲れました。グループ員がこのようなことにならないよう、配慮願います」

A参事は当時、部下一二人を抱える国際ビジネス交流グループ長の役職にあった。A参事の自殺については、庁内でかん口令が敷かれたが、一一月末、東京の情報誌がこの事実をすっぱ抜いたことで、表沙汰になった。そして一一月一四日午前、大阪府議会総務常任委員会で共産党議員、自民党議員がA参与の自殺について取り上げたことで、事は大きくなった。

この日の午後に登庁した橋下府知事は、記者団の囲み取材の中で、A参事の自殺についてこう陳謝した。

「組織のトップである以上、遺族の方には大変申し訳ないと思っている。職場環境がまったく影響しなかったわけではなく、どこまで影響しているか、今後見ていかないといけないが、僕の組織運営のやり方がなんらかのかたちで影響しているのは間違いない。とくに台湾出張の際、商工労働部が企業プロモーションを成功させようといろいろ日程を組んでいたが、このまま走ってしまうと中国との関係でマイナスになると思い、大号令をかけたが、現場は相当負担になっただろう」

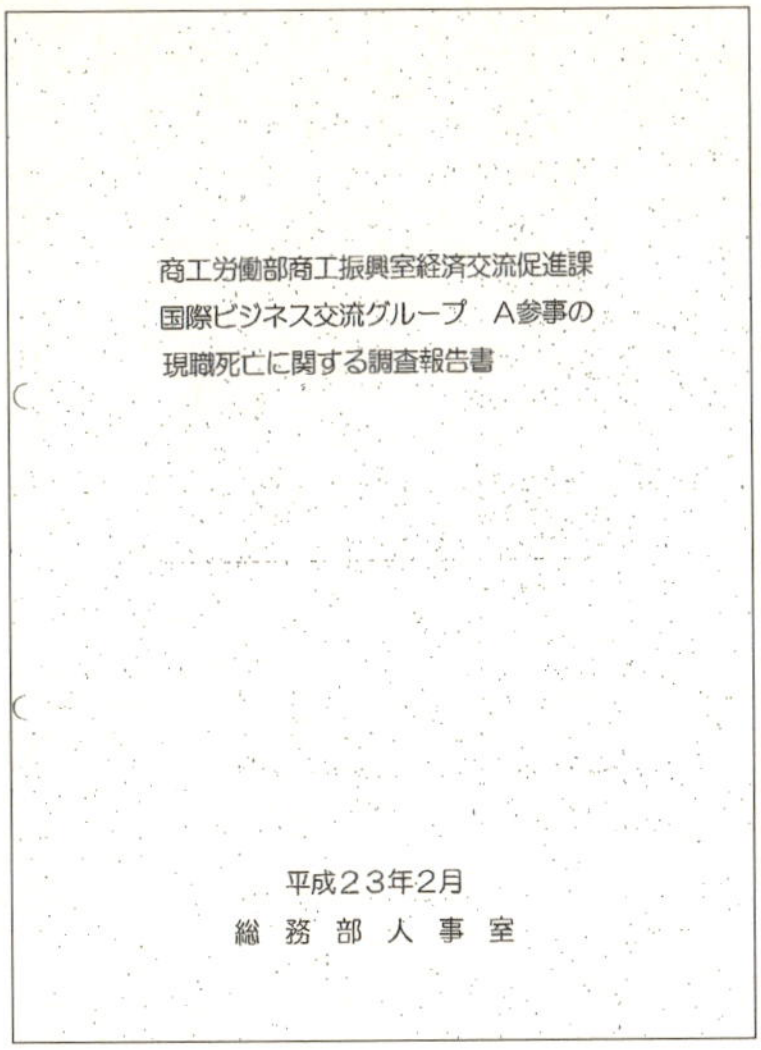

商工労働部商工振興室経済交流促進課
国際ビジネス交流グループ　A参事の
現職死亡に関する調査報告書

平成23年2月
総務部人事室

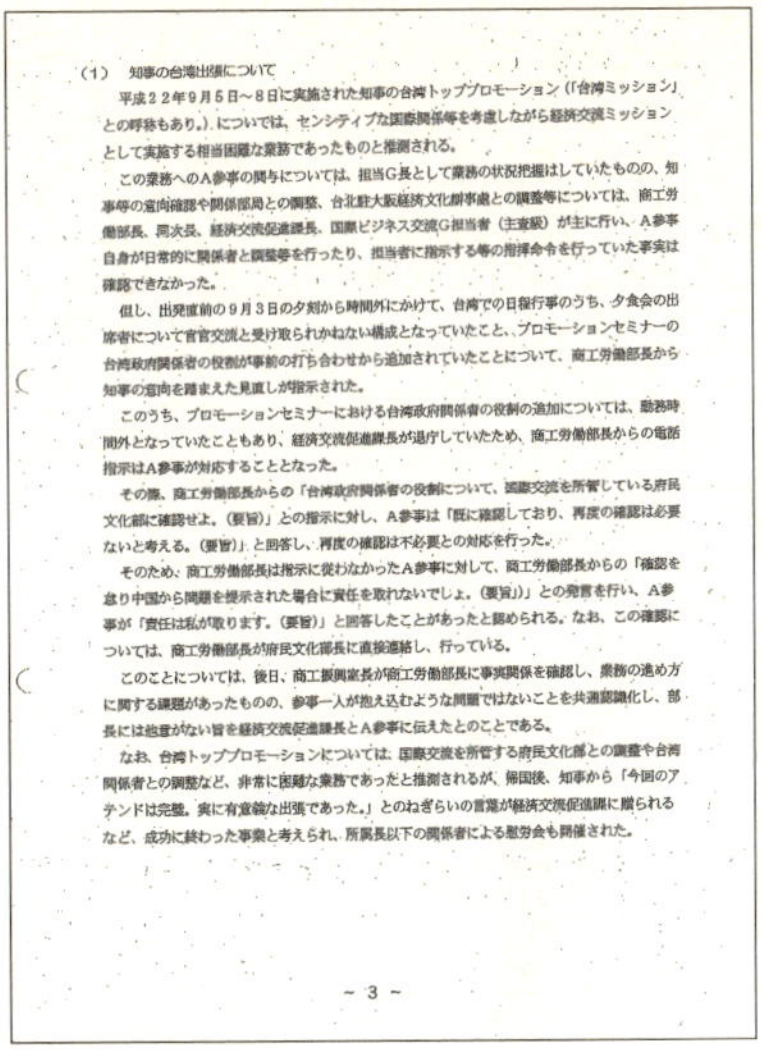

（1）　知事の台湾出張について

平成22年9月5日～8日に実施された知事の台湾トッププロモーション（「台湾ミッション」との呼称もあり。）については、センシティブな国際関係等を考慮しながら経済交流ミッションとして実施する相当困難な業務であったものと推測される。

この業務へのA参事の関与については、担当G長として業務の状況把握はしていたものの、知事等の意向確認や関係部局との調整、台北駐大阪経済文化弁事処との調整等については、商工労働部長、同次長、経済交流促進課長、国際ビジネス交流G担当者（主査級）が主に行い、A参事自身が日常的に関係者と調整等を行ったり、担当者に指示する等の指揮命令を行っていた事実は確認できなかった。

但し、出発直前の9月3日の夕刻から時間外にかけて、台湾での日程行事のうち、夕食会の出席者について官官交流と受け取られかねない構成となっていたこと、プロモーションセミナーの台湾政府関係者の役割が事前の打ち合わせから追加されていたことについて、商工労働部長から知事の意向を踏まえた見直しが指示された。

このうち、プロモーションセミナーにおける台湾政府関係者の役割の追加については、勤務時間外となっていたこともあり、経済交流促進課長が退庁していたため、商工労働部長からの電話指示はA参事が対応することとなった。

その際、商工労働部長からの「台湾政府関係者の役割について、国際交流を所管している府民文化部に確認せよ。（要旨）」との指示に対し、A参事は「既に確認しており、再度の確認は必要ないと考える。（要旨）」と回答し、再度の確認は不必要との対応を行った。

そのため、商工労働部長は指示に従わなかったA参事に対して、商工労働部長からの「確認を怠り中国から問題を提示された場合に責任を取れないでしょ。（要旨））」との発言を行い、A参事が「責任は私が取ります。（要旨）」と回答したことがあったと認められる。なお、この確認については、商工労働部長が府民文化部長に直接連絡し、行っている。

このことについては、後日、商工振興室長が商工労働部長に事実関係を確認し、業務の進め方に関する課題があったものの、参事一人が抱え込むような問題ではないことを共通認識化し、部長には他意がない旨を経済交流促進課長とA参事に伝えたとのことである。

なお、台湾トッププロモーションについては、国際交流を所管する府民文化部との調整や台湾関係者との調整など、非常に困難な業務であったと推測されるが、帰国後、知事から「今回のアテンドは完璧。実に有意義な出張であった。」とのねぎらいの言葉が経済交流促進課に贈られるなど、成功に終わった事業と考えられ、所属長以下の関係者による慰労会も開催された。

～ 3 ～

◆筆者グループが独自入手したA参事の自殺に関する大阪府の調査報告書

この問題について、翌一五日の本会議で、自民党議員が次のように追及した。

「知事は即座に事実を知る立場にありながら、二カ月以上適切な行動をとっておりません。責任を感じるとおっしゃるなら、適切な行動をとる機会はいくらでもあったはず。ご遺族のもとにお悔やみに行かれたのでしょうか」

「知事はよその組織に文句を言う前に、自ら長を務める組織である大阪府庁が、いまどのような状態になっているか、しっかり足元を見て発言し、行動すべきです。あなたの自己満足と自画自賛で多くの人が傷ついています。大阪府知事として責任ある発言と行動をとってください」

いま振り返れば、この時の自民党議員の台詞は、大阪市長に転じても相変わらず職員を恫喝、締め付ける橋下市長に、そっくりそのまま投げつけていいものだといえる。

しかし本会議終了後、記者に囲まれた橋下氏は、この自民党議員の追及について、「事実関係を調査せず、二カ月間何もやってないかのようなとんでもない、いい加減な質問。人として度が過ぎている。僕もなんぼでも言う。（議事録からの）削除と訂正、謝罪を求める」と逆ギレしたのだ。橋下氏はこの件で抗議文を出しているが、質問の当事者や所属する自民党議員団に出さず、議長宛てに出している。抗議は橋下氏のポーズにすぎなかったことが露呈した。

矛盾に満ちた「調査報告書」

事の発端は、橋下氏が認めるとおり、自らが大号令をかけて一〇年九月五〜八日に実施された、台湾トッププロモーションの突然の日程変更にある。大阪府関係者によると、この台湾訪問について、橋下氏は、台湾と対立する中国領事館に何度もお伺いを立てたという。つまり、橋下氏にとっては、中国当局を刺激しない範囲での訪問外交にすることが使命だったのである。

ところが、担当課が組んだ日程は、中国当局を刺激するものだった。そのことは、A参事が自殺する約一カ月前、九月一四日に開かれた部長会議で報告され、その概要が大阪府のホームページでも公開されている。

「私が一人で部局に直接指示して、日程を取り仕切り、事なきを得たが、（中略）台湾との関係は微妙であるということは、誰にでもわかる話」

橋下氏はこう激怒し、関係する商工労働部長と府民文化部長を叱責している。大阪府のホームページで公開されているわけだから、庁内ではもちろん府民に対しても、関係する職員がさらし者にされる仕組みになっていたのである。

大阪市長になった橋下氏は、定例記者会見だけではなく、朝・夕のぶら下がり取材での一問一答も大阪市のホームページを通じて大阪府民、国民に公開している。批判的な質問をする記者を罵倒する映像さえ全国に向けて流され、その記者と所属するメディアに対してメールや電話などで大量の誹謗中傷がなされたという事件も、つい最近起こっている。規模と手段こそ違え、攻撃する対象を世間に向けてさらし者にする手法は、いまと変わらない。

さて、部長会議で知事に叱責され、ホームページにまでそのことをさらされたわけだから、当該担当職員の心

中は穏やかではなかっただろう。なにより、叱責された部長とその担当部下との間で、パワーハラスメントめいたことがあったとしても、おかしくない状況だった。実際、当時の商工労働部長は橋下氏が府知事になってから採用された民間人第一号で、部下であるA参事を、なにかにつけ苛《いじ》めているとの噂があったのだ。

実際、先の調査報告書には、そのことを彷彿とさせるくだりがある。

以下、調査報告書の概要について見ていきたい。

調査報告書はまず、自殺の契機になったといわれた「知事の台湾出張」との因果関係について、解明しようとしている。

それによれば、自殺したA参事は、橋下府知事の台湾出張には積極的に関与していなかったという。また、担当グループ長として業務の状況を把握してはいたが、知事の意向確認や関係部局との調整などは、部長、次長、経済交流促進課長、主査級の国際ビジネス交流グループ担当者が主に行ない、A参事自身が日常的に関係者と調整したり、担当者に指示するなどの指揮命令を行なった事実は確認できなかったとしている。

府知事の台湾出張について、A参事が積極的に関与していなかったことを立証しようとして記載したものと見られるが、そのすぐ後に、それとは矛盾する記述が登場するのだ。

もともと、ことの発端は、「出発直前の九月三日の夕刻から勤務時間外にかけて、台湾での日程行事のうち、夕食会の出席者について官官交流と受け取られかねない構成となっていたこと、プロモーションセミナーの台湾政府関係者の役割が事前の打ち合わせから追加されていたことについて、商工労働部長から知事の意向を踏まえた見直しが指示された」（調査報告書）ために始まったものだ。これが、知事の逆鱗に触れた、中国当局を刺激しかねない日程の変更の大号令である。

同調査報告書によると、このうちプロモーションセミナーでの台湾政府関係者の役割追加について、商工労働部長は、すでに退庁していた経済交流促進課長に代わり、A参事にこう電話で指示したという。

「国際交流を所管している府民文化部に確認せよ」

これに対してA参事が、「既に確認しており、再度の確認は必要ないと考える」と回答したため、商工労働部長は、こう詰問したという。

「確認を怠り中国から問題を提示された場合に責任を取れないでしょ」

A参事はこれに対して、「責任は私が取ります」と答えたという。このやりとりの顛末について、同調査報告書はこう記述している。

「後日、商工振興室長が商工労働部長に事実関係を確認し、業務の進め方に関する課題があったものの、参事一人が抱え込むような問題ではないことを共通認識化し、部長には他意がない旨を経済交流促進課長とA参事に伝えたとのことである」

しかし右の記述は、A参事が府知事の台湾訪問について直接関わっていた事実は確認できなかったという冒頭の記述と、大きく食い違ってくる。

台湾訪問について、主要な任務を外されていたはずのA参事が、なぜ、部長の指示よりも早く、知事の日程変更の大号令を知り、すでに担当の府民文化部に伝えていたのか。そして、連絡済みであることを報告したのに、叱責されなければならなかったのか。「責任は私が取ります」とまで答えざるをえなかったのか。矛盾に満ちた不可解な調査報告書としか言いようがなかった。

かん口令が敷かれたA参事の失踪

この調査報告書では、件の台湾訪問をはじめ、商工労働部長、商工振興室長ら上司とA参事との日頃の職場関係についても、上司や同僚、部下から聞き取り調査をしている。

たとえば、台湾訪問について、A参事の部下はこう答えている。

「台湾出張に関する九月三日の電話での指示の際、『君は責任をとれるのか。辞表を書くつもりはあるのか』と電話口で周りの職員が聞こえるくらいの声で叱責した」

この意見について、同部長は、事情聴取に「『責任』という表現は使うが『辞表を書け』という表現は自分の言葉として使わない」と弁明している。

◆A参事の自殺を招いた橋下府知事（当時）の台湾訪問（共同）

台湾訪問の一件に限らず、部長とA参事は、日頃から良好な関係ではなかったようだ。A参事の別の上司や同僚は、調査報告書の中で次のように意見を述べている。

「一年位前、部長から『君はいつもノーから始まる』『前向きな話ができないのか』『話をしたくない』と言われた旨、本人より聞いたことがある」

「三月か四月に、『部長から役立たずとされているが、気にしていない』と、笑いながら言っていた」

「昨年、『部長から出入り禁止と言われた』と言っていた」

さらにA参事の部下からも、

「部長から『参事は否定ばかりで役に立たない』と発言があり、参事は部長のレクに行かなくなった」

「部長から『君（A参事）は僕の言うことをいつも否定するから、僕も君の言うことは聞かないよ』と、レクなどの際、何度も言われた』と言っていた」

といった意見が出た。

またA参事の部下によれば、上司である商工振興室長との関係についても、A参事自身からこんな話を聞いていたという。

「（上海事務所についてのPDCA〈事業の計画、実行、評価、改善〉シートで）味方であるはずの室長から、きつくダメ出しを出されていた。室長に怒鳴られていることもあった」

「上海事務所のあり方に関するPDCAの資料では、室長から何度も修正指示が出され、一〇回以上も差し戻した」

これに対して室長は、

「レクの中で言葉を荒げたことはあったと思うが、罵詈雑言的な言葉は発していない」

「追加指示はあるが、同じ資料の修正ではそういうことはない」

と否定している。

また「部内2所属で実施している人権研修について、部長から国際経済交流課にだけ見直しの指示がされた」という部下の意見に対して、部長は「特定所属だけを狙い撃ちにするようなことはなく、部内には等しく同じ対応をしている」と反論している。

A参事の失踪後の対応については、部下から次のような赤裸々な証言があった。

「室長から経済交流促進課員への状況説明の際、かん口令が指示された」

「行方不明になった時に、『事情で休んでいます』と答えて、このことは言うなと言われた。かん口令との意味は伝わっていたと思う」

「『余計なことをいうな』と言われた」

「グループ員に情報が無かったし、亡くなったと聞いたときにマスコミから聞かれても『我々が対応するので、皆は対応しないでくれ』との指示だった」

部下にかん口令が敷かれたと指摘されたことについて、A参事の上司である商工振興室長は、こう否定している。

「一〇月一二日に経済交流促進課員に状況説明を行ったが、その際、状況がはっきりするまでの間、課外からA参事のことを尋ねられた場合は『事情により休んでいる』と答えるように指示をしたが、かん口令は指示していない」

こうした措置を、世間ではかん口令と言うのだが。

「公務災害」隠しに躍起になっていた幹部

この調査報告書では、大阪府商工労働部が、A参事の自殺が世間に漏れるのを恐れ、さらには部長、ひいては橋下府知事にその責任が及ぶことを必死で避けようとしていたことが、明かされている。

そのひとつが、遺族のために職場でカンパを募る「育英資金」をめぐる対応である。

A参事の部下が、調査報告書の中でこう意見を述べている。

「参事が亡くなったことについて、当事者意識があるのに、葬儀に参列できなかった。そんな気持ちで何かしたいと思っていたのに、グループを通り越してグループのOBに話が行っていることに無力感があった」

「育英資金の案内について、室長がグループ員に何の相談もなく、今年度、グループを転出していた方にその案内を依頼していたと聞き、とても驚いた」

「この育英資金の案内の仕方も、発起人をたてるのでもなく、『人づてで、内々に』といった指示があったと聞き、隠そうとしているとしか思えなかった。また、『グループ員が悪かったから任せない』というように室長、課長は思っておられるように感じた」

これに対して、商工振興室長、経済交流促進課長は、こう弁明した。

「当時は、ご遺族が近所や親戚にも詳しい情報をお知らせしていない中、所属が積極的にお知らせすることはできないと判断した」

「ご家族が静かにしてほしいという希望があると認識していた」

「他のグループの職員にとりまとめを頼んだのは、当時の状況ではグループ員に負担をかけたくないとの判断で、グループ員を排除したわけではない」

家族のプライバシーを口実にして部内でも報告せず、担当グループ長であるにもかかわらず、部下に負担がかかるからといった理由で、他のグループに育英資金の案内を頼んでいたという。

これは明らかに、A参事の自殺の原因を最も知る立場にあったグループから真相が漏れることを恐れた、商工労働部などの意図的な措置だったのだろう。

極めつきは、公務労働災害問題だ。A参事の部下が、次のような意見を述べている。

「『公務災害は説明しないといけないと思う』と言ったが、『公務災害はおりないだろう。無理なことをして家族に煩わせるだけだから、もっと調べてから』と言われたまま。情報を伝えればいいと思っているのにダメだと言われた」

「室長と課長からグループ員に説明があった時、公務災害の説明を遺族になぜしないのか聞くと『見込みがまずない。遺族のことを考えればすべきではない』との説明だったが、請求できる権利や制度の内容の説明ぐらいはすべきではないか」

これに対して、商工振興室長と経済交流促進課長は、こう言い訳している。

「公務災害が認定される可能性は低く、ご遺族を二重に傷つける可能性があると考えた」

「公務災害の認定請求をすれば良いと遺族に言うのは簡単。でも、大変困難な状況で、何年もの裁判が必要かもしれないことを承知で遺族に認定請求を勧めるなら、何年でも支援する覚悟で発言すべき」

つまり、かえって遺族の負担になるというもっともらしい理屈で、遺族に制度を知らせることを、頭から避けようとしていたのだ。公務災害が認定され、遺族補償が出れば、遺族は金銭的に随分助かる。

話を聞いていると、公務災害の請求を起こされ、自分たちの管理監督責任、瑕疵が問われるのを避けたい一心で、頭から「やっても無理」と答えているように思えて仕方がない。

これ以上、犠牲者を出してはならない

調査報告書を読み進めていくと、A参事の自殺について、室長が暴言を吐いていたという証言も出てくる。

「A参事の死亡後、室長から国際ビジネス交流グループ員に説明がされた際、『お前らも悪いんや』『君らにも責任がある』」「公務災害の話をした際、『普通の職員なら、

亡くなった事情を聴いたり掘り下げず、黙々と仕事をするのが優秀な職員と思っている」と言われた」

これが事実なら、この室長は、いまどき珍しい暴君型の上司と言っていい。責任逃れのための卑怯な言い訳だが、本人は調査報告書の中で、「そういう趣旨の発言はしていない」と否定している。

なおこの調査報告書では、いわゆるパワーハラスメントを示唆する部下からの意見があったため、最終的に外部有識者で構成する「分限懲戒審査会」の参与三人（弁護士、社会保険労務士、民間の人事担当者）に対して、懲戒処分等に該当するようなパワハラがあったかどうか意見を求めている。その結論は以下のとおりだ。

「本件については、特定の職員を標的にした明らかないじめ、嫌がらせがあったとは言えず、また、業務の範囲を超えて人格を攻撃したというようなことも認められないので、明らかに懲戒処分等に該当するようなパワーハラスメントがあったとは言えない」

しかし、ここまで紹介した内部文書に見たように、パワーハラスメントがあったのは明白としか考えられない。

外部委員の意見はお手盛りだ。しかし、大阪府総務部人事室はこの意見を了承し、Ａ参事の自殺に幕を引いてしまった。

大阪府庁職員の自殺者は、これまで年間一人か二人だった。それが橋下氏が府知事に就任してから急増してきた。一〇年度は、なんと七人にのぼった。一一年度も、知事が市長選出馬のために知事職を辞任するまで、判明しているだけでも三人が自殺。一一年度総数では四人の自殺者を出している。

大阪市長に転じた橋下氏は、府知事時代とは比較にならない規模と陰湿さで、執拗な職員、教員いじめを続けている。

これ以上、犠牲者が出ないことを祈るばかりである。

著　者　紹　介

一ノ宮美成……………………………………いちのみや・よしなり

1949年、大分県生まれ。同志社大学文学部卒。新聞記者を経てフリージャーナリストに。著書に『宝島社文庫　闇の帝王＜許永中＞』『同　同和利権の真相①～④』『宝島SUGOI文庫　大阪同和帝国の正体』『同　黒い都知事 石原慎太郎』『同　同和と暴力団　公金をしゃぶり尽くした日本の闇人脈』『同　橋下「大阪維新」の嘘』（以上、小社刊）など多数。

グループ・K21……………………………………ぐるーぷ・K21

関西のフリージャーナリスト集団。「関西に蠢く懲りない面々」シリーズ（かもがわ出版）でデビュー。「別冊宝島」等で取材・執筆。

「宝島NF」について

宝島Nonfiction Booksの略称。特集形式のノンフィクション書籍シリーズ。スクープ記事や調査報道の成果を織り交ぜた特集を不定期で刊行する。報道タブーを乗り越え、事件・人物の暗部を抉っていきます。

宝島NF

橋下徹のカネと黒い人脈

2012年7月11日　第1刷発行

◉著者
一ノ宮美成＋グループ・K21

◉発行人
蓮見清一

◉発行所
株式会社宝島社
〒102-8388
東京都千代田区一番町25番地
電話［営業］03-3234-4621
　　［編集］03-3239-0400
http://tkj.jp

◉振替
00170-1-170829 ㈱宝島社

◉印刷・製本
サンケイ総合印刷株式会社

ISBN978-4-7966-9597-8